つくわけ
recipe
<small>レシピ</small>

伊藤茜

ワニブックス

あーたんママの
つくわけ生活

"つくわけ"とは、途中まで作った半調理もの(つくわけの素)を
数品に分けること。1つの食材、1つの下ごしらえで、
いくつもの違うメニューが完成します。
私がこのつくわけを始めたのは、どうすれば、
短い家事の時間で家族の「おいしい」が聞けるか、
家計に負担をかけずに豊かな食卓が作れるかを
考えたことがきっかけでした。
レシピをご紹介する前に、夫と息子と私の
3人の暮らしで見つけた、私なりの「つくわけ生活」を
ちょっぴりご紹介したいと思います。

夫用と息子用のお弁当で
おかずを"つくわけ"するように

　私は夫と息子との3人暮らしです。夫と幼稚園に通う息子に毎日お弁当を作っています。おかずをまるっきり変えることはありませんが、大人向けは息子が食べにくかったり、子ども向けだと夫は満足できなかったり。でも、それぞれ作るのはめんどうなので、仕上げの味付けだけを変えたりという工夫をするようになりました。これが、つまりは"つくわけ"。例えば、にんじん。せん切りにするところまでは同じですが、夫用には酸味を効かせてラペサラダに、息子用にはツナと炒めて甘めの味付けに。こんな毎日のお弁当作りを通して、つくわけのアイデアが広がっていったような気がします。

最近、お手伝いブームがきている息子。料理をしていると「お手伝いしまーす」と言ってキッチンへ。卵を割るのはすっかりお手のもの。

買い物の時間は短縮して、
つくわけの工夫で食費も安く！

　結婚してしばらくは専業主婦の時期があり、少しでも食費を安くすまそうと、10円でも安いものを買いに遠いスーパーまで行ったりと、セールのまとめ買いにはまっていたことがあります。でも、やっぱり使い切れなくて、せっかくの食材をダメにしてしまうこともしばしばありました。どうやったらおいしく使い切れるか……と考えるうちに、それが結構楽しくなってきて、悪くなる前に半調理してしまうことで、うまく使い切れるようになってきました。すると、セールの安いものを買わなくても、食費がうくようになってきたんです。それからは、時間を使って遠いスーパーまで行くことをやめ、近くのスーパーで、旬の安いものを見つけたときにまとめて買う、くらいの意識に変わりました。買い物時間も短縮され、半調理されているから台所に立つ時間も短くなり、家事時間のやりくりもうまくいくように。だからみなさんも、買い物、そんなにがんばらなくてもいいと思います。

絵を描くのが好きなので、つくわけのアイデアは、色鉛筆でお絵かきしながら考えたりします。ひとりで過ごす静かなひとときです。

半調理だからパパッと完成
できたてのおいしい香りも！

　私の料理好きは母ゆずり。子どものころ、学校から帰るとちょうど母が夕飯の支度をしていて、ごはんができ上がるいい香りが漂っていました。いつもキッチンのカウンターに座って、母と話をしながらごはんができるのを待ったり、お手伝いをしたり……。そんな時間が大好きでした。だから、息子も同じような時間を過ごしてほしいと思っています。

　ごはんができる香りって、食欲を刺激しますよね。忙しいときは、料理を最後まで作って保存して、温めて出すこともありました。確かにパパッと出せるし、温かいのですが、家族の箸が進まないのが明らかだったんです。でも、下味をつけた半調理ものなら、焼きたて、揚げたての作りたてがパパッとできて、息子もいっぱい食べてくれる。

とりあえずこれ食べてて！　って
出せるつくわけがあると安心

　ときに仕事に追われて、家族にごはんを待たせてしまうこともあります。そんなとき、「お腹へった」の声にも、つくわけがあると心強い！　よく作るのが、さといも餅（P78）やじゃがいも餅。マッシュ状のつくわけの素を作ったついでに、小さく丸めて冷凍しておきます。市販のおやつを出すより、栄養面でも安心。夫のおつまみにも重宝します。

私の"つくわけ"道具

　この本のレシピでも大活躍なのがブレンダー。とくにスープにするのに便利です。中途半端にあまった野菜でスープを作ることが多いのですが、具材を冷凍しておくときに、そのままの状態よりペースト状で冷凍したほうがおいしく保存できます。牛乳でのばすと簡単ポタージュに。

　保存容器は同じシリーズで揃えるのがポイント。スタッキングできるので、収納や冷蔵庫の整理がラクです。私のお気に入りはホーロー。匂いがつかないのがメリットで、食材のもちもよいと思います。大きなカゴに入れて、すぐ取り出せるようにしています。

公園に行くと大はしゃぎで、ごはんの時間になっても帰りたがらないのですが、お弁当を持っていたら、たっぷり遊んでも大丈夫！

朝の時間をフル活用して
昼と夜の負担をなくす

　以前は子どもが寝た後に、仕事や家事の残りをやることが多かったのですが、それでは体ももたないし、効率も悪いことに気づきました。今は、できるだけ朝にすませてしまうようにしています。朝だとバタバタするし、少しきついと思うかもしれませんが、その分、昼と夜にやらなくてもよいと思うと、気持ちがとてもラクなのです。

　とくに、子どもが夏休みや冬休みのように長期の休みに入ると、まず「子どものお昼問題」が頭を悩ませます。そこで、思い立ったのが、家でもお弁当。夫用にお弁当は毎日作るので、だったら自分と息子の分も詰めちゃえ！　っと思ったんです。家で食べてもいいし、そのままお弁当を持って公園に行ってもいい。公園に行くと息子も上機嫌で遊んでくれて、ふだんは小食なのに、たっぷり遊んだあとはぺろりと平らげてしまいます。

　朝にお昼の仕度をしてしまうと、お昼に包丁もまな板も出さなくていい。家事が1回分減って、洗い物も減ります。その分、子どもと過ごす時間や、自分の時間が増えるっていいですよね。

お弁当箱は正直！　おいしいときれいに残さず返ってきます。そんな家族の「おいしい」が、家事の活力の素になります。

お弁当や翌日のおかず用に、前日のおかずをアレンジしてさらにつくわけすることも。"つくわけのつくわけ"として紹介しています。

"つくわけ"はこまめに。
がんばって作らなくていい

　この本の最後で、3日間のつくわけ献立を2パターン、約1週間分の献立例を紹介しています。なぜ3日なのかというと、ちょうどおいしく食べ切れるのが3日だから。そして、1週間分のつくわけを作るのは大変だから。とはいえ、3日分も大変だという人もいるでしょう。そんなときは、ちょこちょこ作ってもOK。1品作るときに多めに仕込んでおけば、貯金ができます。そうやって、1日1つずつ貯金を増やしていけばいいでしょう。自分のペースに合わせて、つくわけ生活を楽しんでみてください。

保存容器の使い方と保存のテクニック

保存容器の使い方や保存の仕方が悪くては、せっかくの料理がおいしく保存できなかったり、すぐにダメになってしまったりします。保存のポイントを知っておくことはつくわけの基本です。

保存容器のこと

容器の特徴に合わせて使い分けを

保存容器にはさまざまなタイプがあります。私は常備菜など冷蔵で保存する場合はホーローやタッパーを、冷凍するときはジッパー付きの保存袋を使っています。ホーローは匂いがつきにくく、スタッキングできて収納にも便利なのでいろんな大きさで揃えています。

除菌のポイント

保存容器を使うときの一番のポイントはしっかり除菌をすること。ひと手間で、料理を長持ちさせることができます。

煮沸消毒
大きな鍋にたっぷりの湯を沸かして、グツグツ約10分煮沸し、トングなどで取り出します。

しっかり乾燥
清潔なリネンで水けをしっかり拭きとり、十分に乾燥させましょう。

アルコール消毒
使う直前やプラスチックのふたなどはアルコールの除菌剤を使い、キッチンペーパーで拭きあげましょう。

保存のテクニック

2～3日で食べ切るものや、冷凍に適さないものは冷蔵保存、肉や魚などに下味をつけた半調理ものは冷凍保存すると便利。

冷蔵保存のポイント

長持ちのコツは完全に冷ましてから冷蔵庫に入れること、そして取り分けはそのつど清潔な菜箸やカトラリーを使うことです。

冷凍保存のポイント

冷蔵のときと同様、しっかり冷ますことが大事。ぺたんこ冷凍やパラパラ冷凍しておくと、使いやすさがアップします。

ぴったりラップ
食材とラップの間に空気が入らないようぴったりとラップを密着させます。味なじみがよく、プラスチック製容器への匂い移りも防げます。

しっかり冷まさずに冷蔵庫に入れると、ふたに水滴がついてしまい、食品を傷ませる原因になります。

ぺたんこ冷凍
かたまりのまま冷凍すると解凍にムラが出て時間もかかります。写真のようになるべく均等に平らにして冷凍しましょう。ペースト状のものなら割れ目をつけておくと、簡単に手で割れて、少しずつ解凍できて便利です。

パラパラ冷凍
すべてがくっついて冷凍になっていると、お弁当などで少しだけ使いたいときに不便。成形したハンバーグ、カットした肉や魚など、まずバットに並べて冷凍し、凍ったら保存袋に移すようにすると、パラパラと1つずつ取り出せます。

解凍のポイント

電子レンジで解凍すると、解凍ムラができてしまったりすることも。おすすめの方法を3つ紹介します。

冷蔵庫で解凍
どんな冷凍ものでも使えるスタンダードな方法。使う前の日や朝に冷蔵庫に移しておきます。

流水解凍
魚介類におすすめで、流水にさらすだけであっという間に解凍できます。半解凍状態の肉にも使える方法。

凍ったまま調理
調理しながら解凍する方法。フライパンで焼く肉料理や魚料理はどんな食材でもたいていは大丈夫です。

contents

あーたんママの
つくわけ生活 2

保存容器の使い方と
保存のテクニック 8

本書の使い方 14

Part 1
1つの仕込みで4品完成！
つくわけの素＆
つくわけレシピ 15

つくわけの素 1
鶏のスパイシー 16

スパイシーチキンの
オーブン焼き 17-18
スパイシーチキンサラダ 17-18
鶏と豆のスパイス煮込み 18-19
フライドチキン 18-19

つくわけの素 2
鶏のヨーグルト漬け 20

鶏のピカタ 21-22
鶏の大葉みそ焼き 21-22
トマトチキンカレー 22-23
カレーグラタン 22-23

つくわけの素 3
手羽中のハーブ漬け 24

手羽中のハーブ焼き 25-26
ハーブチキンサラダ 25-26
ハーブ手羽のポトフ 26-27
揚げ手羽 26-27

つくわけの素 4
鶏そぼろ 28

梅そぼろ丼 29-30
ニンニクそぼろの和え麺 29-30
ドライカレー 30-31
カレーオムレツ 30-31

つくわけの素 5
豚バラレモン 32

豚バラのアスパラ巻き 33-34
蒸し豚のさっぱりサラダ 33-34
豚バラのネギレモン炒め 34-35
豚バラのガパオ風 34-35

つくわけの素 6
豚のごまみそ漬け 36

きのこの豚ロースト 37-38
ロースみそとんかつ 37-38
韓国風スタミナ焼き弁当 38-39
豚のみそ南蛮 38-39

つくわけの素 7
牛肉の赤ワイン漬け 40

トマトビーフ 41-42
ビーフコロッケ 41-42
赤ワインミートソース 42-43
ミートドリア 42-43

つくわけの素 8
ハンバーグのたね 44

レンコンハンバーグ 45-46
ピーマンの肉詰め 45-46
キャベツのメンチカツ 46-47
メンチカツサンドのお弁当 46-47

つくわけの素 9
鮭ときのこのオイル漬け 48

鮭のソテー 49-50
鮭ときのこのアヒージョ 49-50
鮭のピラフ 50-51
鮭ときゅうりのサンドイッチ 50-51

つくわけの素 10
サバの香味じょうゆ 52

サバのムニエル 53-54
サバサンド 53-54
サバの竜田揚げ弁当 54-55
サバのまぜごはん 54-55

つくわけの素 11
イワシのつみれ 56

イワシのつみれバーグ 57-58
イワシつみれの厚揚げ煮 57-58
揚げつみれの甘辛団子 58-59
つみれ鍋 58-59

つくわけの素 12
エビのピリ辛漬け 60

エビチリ 61-62
エビチリたまご弁当 61-62
サンラータン 62-63
エビチャーハン 62-63

つくわけの素 13
イカの甘みそ漬け 64

イカの甘みそサラダ 65-66
イカのグリル焼き 65-66
イカの炊き込みごはん弁当 66-67
イカの中華炒め 66-67

つくわけの素 14
豆腐の塩麹漬け 68

豆腐ステーキ 69-70
豆腐ハンバーグ 69-70
白和え 70-71
がんもどき 70-71

つくわけの素 15
大豆の水煮 72

大豆のベーコンオイルサラダ 73-74
大豆のナゲット 73-74
大豆のミルクジャム 74-75
大豆のポタージュ 74-75

つくわけの素 16
さといもマッシュ 76

さといものマッシュポテト 77-78
さといものベーコン巻き 77-78
さといもの肉巻きコロッケ 78-79
さといも餅 78-79

つくわけでおやつ 1　ベリーでつくわけ
ベリーシロップ 80

ベリーのスコーン
ベリーのソーダ割り

Part 2
無駄なく使い切る！
野菜丸ごと つくわけ術 81

野菜のつくわけ 1
大根 82
ゆで大根／葉の塩もみ

ふろふき大根 83
昆布と大根の葉のおにぎり 83
ぶりカマ大根 83

野菜のつくわけ 2
キャベツ 84
ゆでキャベツ／塩もみキャベツ

簡単ロールキャベツ 85
コールスローサラダ 85
キャベツのベーコンオイル蒸し 85

野菜のつくわけ 3
ナス 86
冷やしナス／ナスパテ

ナスパテのカナッペ 87
ナスの和風マリネ 87
ナスのだしスープ 87

野菜のつくわけ 4
カリフラワー 88
カリフラワーのポリポリゆで／
カリフラワーのクタクタゆで

カリフラワーのペペロンチーノ 89
カリフラワーのすりながし 89

カリフラワーのマヨサラダ 89

野菜のつくわけ 5
きゅうり 90
きゅうりのマリネ／干しきゅうり

春雨サラダ 91
きゅうりのサンドイッチ 91
イカときゅうりの炒めもの 91

野菜のつくわけ 6
ネギ 92
ネギ塩だれ

シンガポールライス 93
ささみのネギ塩サラダ 93
油淋鶏 93

野菜のつくわけ 7
玉ねぎ 94
蒸し焼き玉ねぎ／酢玉ねぎ

オニオングラタンスープ 95
ホタテのマリネ 95
玉ねぎジャム 95

野菜のつくわけ 8
トマト 96
冷凍トマト

アクアパッツァ 97
ガスパチョ 97
トマトソースパスタ 97

野菜のつくわけ 9
にんじん 98

にんじんラペ／にんじんスープ煮
キヌアのラペサラダ 99
にんじんのベーコンスープ 99
にんじんラペの卵サラダ 99

つくわけでおやつ 2 バナナでつくわけ
バナナのキャラメリゼ 100

バナナのマフィン
バナナのキャラメルアイス

Part 3
1つの食材でもバリエが広がる！
つくわけでおもてなしレシピ 101

つくわけでおもてなし 1 102
じゃがいもでおもてなし

タラモサラダ
エビポテト春巻き＆サーモンポテト春巻き
ニョッキのカルボナーラ

つくわけでおもてなし 2 106
ポークブロックでおもてなし

ポークリエット
ポークと野菜のオーブン焼き

つくわけでおやつ 3 さつまいもでつくわけ
さつまいもの甘煮 110

さつまいものパイ
さつまいものプリン

Part 4
つくわけ生活の始め方
3日間献立計画 111

つくわけ3日間献立計画
その1（前半3日分） 112
つくわけ3日間献立計画
その2（後半3日分） 120

本書の使い方

Part 1

おもに肉や魚介などの食材に下味をつけて
半調理の状態にした"つくわけの素"を
4つのレシピに展開します。

❶ "つくわけの素"の名称

❷ つくわけの素の味付けポイントや使用例を紹介しています。このつくわけの素を使ったレシピが Part 4 でも登場する場合は、そのページ数も記しています。

❸ 冷蔵または冷凍で保存できる期間。冷凍表記がないものは冷凍保存ができません。

❹ つくわけの素の材料と作り方。約4人分を目安に作りやすい分量になっています。必要な分に合わせて調整してください。

❺ このページで使用するつくわけの素。

❻ 前後のページの写真についている番号に対応しています。
つくわけの素1の1つ目の展開例が **1-1**、2つ目の展開例は **1-2** となります。
1-1で作ったものを使ってさらに展開させたレシピは
1-1-a と表記しています。

Part 2

野菜それぞれに合った下ごしらえをした
つくわけの素（1〜2パターン）を
3つのレシピに展開します。

❼ 使用する野菜の名称。

❽ つくわけの素の材料と作り方。作りやすい分量になっています。冷蔵もしくは冷凍での保存可能期間をそれぞれ表記しています。

❾ 左ページで紹介しているつくわけの素を使ったレシピを紹介しています。

本書のきまりごと

- 材料は基本的に作りやすい分量もしくは2人分になっていますが、4人分で作ったほうがおいしいもの、作りやすいものは4人分になっています。
- 大さじ＝15cc、小さじ＝5cc　cc＝ml
- 使用する調理器具や火力によって熱の通り方が異なるため、本文中の火加減や調理時間は目安とし、様子を見ながら調理してください。
- 本書で使用している「コンソメ」「鶏ガラスープの素」は顆粒タイプです。
- 「塩麹」は使用するものによって塩分量が異なります。お使いのものに合わせて調節してください。

Part

1

1つの仕込みで4品完成！
つくわけの素＆つくわけレシピ

下味をつけたり、下ゆでをしたりした半調理ずみの"つくわけの素"を作っておけば、パパッと1品完成して、しかも味がなじんでおいしさもアップ。"つくわけ"するから同じ食材でも違う味わいに。レパートリーが広がります。

つくわけの素 1

スパイシーで冷めてもおいしい

鶏のスパイシー

香りも食欲を刺激するスパイス使いで、家でも簡単にお店のような味が作れます。味もしっかりしているから、焼くだけ、揚げるだけ、煮込むだけの簡単仕上げでOK。(＊P113、117、118でも紹介しています)

保存の目安 冷蔵 **2** 日 / 冷凍 **10** 日

材料(作りやすい分量)
鶏もも肉……2枚、鶏むね肉……1枚
A 白ワイン……大さじ1、クミン……大さじ1、セロリシード……大さじ1、パプリカパウダー……大さじ2、チリパウダー……大さじ1、ニンニクすりおろし……1片分、ショウガすりおろし……1片分、はちみつ……大さじ1、オリーブ油……大さじ2、塩・こしょう……少々

作り方
1 鶏肉は3～4等分に切って、フォークで何カ所か穴をあけてから塩こしょうをもみ込む。
2 保存袋(容器)に鶏肉とAを入れてよくもみ込む。
3 冷蔵庫で2時間以上漬け込む。

つくわけレシピ
1-1
野菜と一緒にオーブン焼きに
スパイシー
チキンの
オーブン焼き
［作り方☞P18］

つくわけ1-1のつくわけレシピ
1-1-a
オーブン焼きでおかずサラダに
スパイシー
チキンサラダ
［作り方☞P18］

| | | | |

つくわけレシピ 1-1 スパイシーチキンのオーブン焼き

材料(2人分)
鶏のスパイシー
　　――もも肉1枚分、
　　　むね肉1/2枚分
ズッキーニ――1/2本
マッシュルーム
　　――3～5個
ミニトマト――10～12個
塩・こしょう――少々
オリーブ油――大さじ4

作り方
1　ズッキーニは大きめの輪切り、マッシュルームは半分に切る。
2　耐熱容器にオーブンシートを敷いて、鶏のスパイシー、1、ミニトマトを並べ、塩こしょう、オリーブ油を全体にまぶし、180度のオーブンで約25分焼く。

つくわけ1-1のつくわけレシピ 1-1-a スパイシーチキンサラダ

材料(2人分)
スパイシーチキンのオーブン焼き――2人分
サニーレタス――2～3枚
紫キャベツ――1/4個
ベビーリーフ――適量
A しょうゆ――大さじ1、オリーブ油――大さじ1、酢――大さじ1、ショウガすりおろし――小さじ1
粉チーズ――適量

作り方
1　ちぎったサニーレタスと紫キャベツ、ベビーリーフは水にさらす。
2　混ぜ合わせたAで水を切った1をあえる。
3　2を皿に盛り、一口大に切ったチキンをのせ、粉チーズをふる。

つくわけレシピ 1-2 鶏と豆のスパイス煮込み

材料(2人分)
鶏のスパイシー
　　――もも肉1枚分、
　　　むね肉1/2枚分
玉ねぎ――1個
ミックスビーンズ――80g
トマト水煮缶――1缶
オリーブ油――大さじ1
A ケチャップ――大さじ2、はちみつ――大さじ1、塩・こしょう――少々

作り方
1　鶏のスパイシーは一口大に、玉ねぎはみじん切りにする。
2　鍋にオリーブ油を熱して弱火で玉ねぎを炒め、全体に油がまわったら鶏肉を入れ、ふたをして弱火で3分蒸し焼きにする。
3　2にトマト缶、ミックスビーンズ、Aを入れて弱火で10分ほど煮込む。

つくわけレシピ 1-3 フライドチキン

材料(2人分)
鶏のスパイシー
　　――もも肉1枚分、
　　　むね肉1/2枚分
卵――1個
小麦粉(または米粉)
　　――大さじ5
揚げ油――適量
レモン、クレソン――適量

作り方
1　食べやすい大きさに切った鶏のスパイシーに溶き卵、小麦粉の順にまぶし、170度の油で7～8分ほど揚げる。
2　好みでレモンとクレソンをそえる。

つくわけのヒント
サンドイッチの具にするのもおすすめ。

つくわけレシピ
1-2
トマトベースで
簡単煮込み料理に
鶏と豆の スパイス煮込み
[作り方☞P18]

つくわけレシピ
1-3
サクサク衣をつけて
フライドチキン
[作り方☞P18]

つくわけの素	お肉をやわらかくして、うま味を引き出す
2	# 鶏のヨーグルト漬け

ヨーグルトに漬けておくとお肉がやわらかくなって、ふっくらジューシーに仕上がります。洋風にも和風にもアレンジOK。食べ切れなかったプレーンヨーグルトの使い切りにもおすすめです。

保存の目安 冷蔵 2日 冷凍 10日

材料(作りやすい分量)
鶏もも肉……2枚
プレーンヨーグルト……大さじ4
ニンニクすりおろし……小さじ1
塩・こしょう……少々

作り方
1 鶏もも肉はスジを切ってぶつ切りにし、塩こしょうをもみ込む。
2 保存袋(容器)に**1**とヨーグルト、ニンニクを入れてなじませ、冷蔵庫で2時間以上漬け込む。

つくわけレシピ
2-1
チーズと卵の
衣をつけてソテー
鶏のピカタ
［作り方☞P22］

つくわけレシピ
2-2
発酵食品で好相性の
ヨーグルトとみそ
鶏の大葉
みそ焼き
［作り方☞P22］

つくわけレシピ

2-1
鶏のピカタ

材料(2人分)
鶏のヨーグルト漬け……1枚分
粉チーズ……大さじ1
卵……1個
オリーブ油……大さじ1
ミニトマト、パセリ……適量

作り方
1 鶏のヨーグルト漬けをボウルに入れて、粉チーズをまぶし合わせる。
2 フライパンにオリーブ油を熱し、溶き卵をくぐらせた1を弱火で焼く。両面に焼き色がついたらホイルをかぶせて中まで火を通す。
3 好みで切ったミニトマトやパセリを散らす。

つくわけレシピ

2-2
鶏の大葉みそ焼き

材料(2人分)
鶏のヨーグルト漬け……1枚分
大葉……5枚
A みそ……大さじ1、みりん……大さじ1
ごま油……大さじ1/2

作り方
1 大葉は粗いみじん切りにし、ボウルでAと合わせ、鶏のヨーグルト漬けを加えて混ぜ合わせる。
2 フライパンにごま油を熱し、1を弱火で焼く。両面焼き色がついたら、ホイルをかぶせて中まで火を通す。

つくわけレシピ

2-3
トマトチキンカレー

材料(4人分)
鶏のヨーグルト漬け……2枚分
A 玉ねぎ……1個、ニンニク……1片
オリーブ油……大さじ1
トマト缶……1缶
B カレー粉……大さじ4、パプリカパウダー……大さじ1、クミン……好みで少々
塩・カレー粉……少々

作り方
1 鶏肉は一口大に、Aはみじん切りに。
2 鍋にオリーブ油とAを入れてふたをし、ときどき混ぜながら弱火で蒸し焼きにする。
3 2にトマト缶を入れふたをして弱火で5分、鶏肉とBを入れて、弱火で20分煮込む。
4 塩とカレー粉で味を調える。

つくわけ2-3のつくわけレシピ

2-3-a
カレーグラタン

材料(2人分)
トマトチキンカレー……350g
ホワイトソース
 バター……大さじ3、小麦粉……大さじ3、牛乳……250cc
チーズ……適量

作り方
1 フライパンにバターを入れて弱火にかけ、溶けたら小麦粉を加えて炒め、全体がまとまったら、牛乳を5回くらいに分けて加えてのばしていき、ホワイトソースを作る。
2 耐熱容器にカレー、ホワイトソース、チーズの順に入れ、オーブントースターで15分ほど焼く。

つくわけのヒント
ホワイトソースは多めに作って冷凍しておくと便利。

つくわけレシピ
2-3
ヨーグルトが酸味とコクをプラス
トマトチキンカレー
［作り方☞P22］

つくわけ2-3のつくわけレシピ
2-3-a
あまったカレーを
グラタンにつくわけ
カレーグラタン
［作り方☞P22］

つくわけの素 3

鶏手羽をハーブで爽やかな味わいに

手羽中のハーブ漬け

ローズマリーの爽やかな香りにレモン果汁の酸味も加えて。そのまま焼くだけでもビールのおつまみに最適。骨付きなので、ポトフのような煮込み料理にするとだしがたっぷり出てスープも丸ごとおいしく楽しめます。

保存の目安 冷蔵 2日 / 冷凍 10日

材料(作りやすい分量)
- 鶏手羽中……20本
- ローズマリー……1本
- **A** レモン汁……小さじ2、オリーブ油……大さじ4、塩・こしょう……少々

作り方
1. 手羽中は裏向けにし、骨に沿って切り込みを入れる。
2. 保存袋(容器)に**1**を入れ、葉をちぎったローズマリー、**A**を入れてよくもみ込み、冷蔵庫で30分以上漬け込む。

つくわけレシピ
3-1
皮目をカリッと
こんがり焼いて
手羽中の
ハーブ焼き
［作り方☞P26］

つくわけ3-1のつくわけレシピ
3-1-a
ハーブ焼きを
ほぐしてサラダに
ハーブ
チキンサラダ
［作り方☞P26］

つくわけレシピ
3-1
手羽中の ハーブ焼き

材料(2人分)
手羽中のハーブ漬け
　……10本
塩・こしょう……少々

作り方
1 フライパンを熱し、手羽中のハーブ漬けを油を切らずに入れ、弱火で皮面から焼く。
2 転がしながら中まで火を通し、最後に塩こしょうで味を調える。

つくわけのヒント
マッシュルームなどのきのこ類を同じフライパンで焼くと、ハーブの香りが移っておいしい。

つくわけ3-1のつくわけレシピ
3-1-a
ハーブチキン サラダ

材料(2人分)
手羽中のハーブ焼き
　……6〜8本
レタス……3枚
紫玉ねぎ(または普通の玉ねぎ)……1/4個
A オリーブ油……大さじ1、白ワインビネガー……大さじ1/2、塩・こしょう……少々

作り方
1 手羽中のハーブ焼きは、骨から身をはずしてほぐす。冷めていると身がはずれにくいので、その場合はキッチンバサミを使うと便利。
2 レタスは手でちぎり、紫玉ねぎはスライスし、水にさらしておく。
3 ボウルでAを混ぜ合わせ、2をあえ、皿に盛って、1をのせる。

つくわけレシピ
3-2
ハーブ手羽 のポトフ

材料(4人分)
手羽中のハーブ漬け
　……8本
にんじん……1本
玉ねぎ……2個
じゃがいも……2個
キャベツ……1/2個
水……1ℓ
コンソメ……大さじ1
オリーブ油……大さじ1
塩・こしょう……少々

作り方
1 野菜は皮をむき、大きめに切っておく。
2 鍋にオリーブ油を熱し、手羽中を中火で焼き、表面に焼き色がついたくらいで水とコンソメ、じゃがいも以外の野菜を入れて中火で煮込む。
3 にんじんがやわらかくなったら、じゃがいもを加える。じゃがいもが煮えたら、塩こしょうで味を調える。

つくわけレシピ
3-3
揚げ手羽

材料(2人分)
手羽中のハーブ漬け
　……10本
片栗粉……大さじ3
揚げ油……適量
塩・こしょう……少々
すだち……お好みで

作り方
1 キッチンペーパーなどで、手羽中のハーブ漬けの油を軽く拭きとり、片栗粉をまぶす。
2 170度の油で2〜3分揚げ、塩こしょうをふる。好みですだちをそえる。

つくわけレシピ
3-2
ゴロゴロ野菜と
火にかけるだけ
ハーブ手羽のポトフ
［作り方☞P26］

つくわけレシピ
3-3
ビールのおともに
ぴったり
揚げ手羽
［作り方☞P26］

つくわけの素 4

メインのおかずにも副菜にも使えて重宝

鶏そぼろ

下ゆでしたそぼろは余分な水分が出ずに保存できます。メインの食材としてだけでなく、ハムやベーコンのように、サラダやオムレツの具にササッと使えて便利。(＊P113、114、115、119でも紹介しています)

保存の目安 冷蔵 **3** 日 / 冷凍 **15** 日

材料(作りやすい分量)
- 鶏もも挽き肉……250g
- 鶏むね挽き肉……250g
- 水……1ℓ
- 塩……小さじ1と1/2

作り方
1. 大きめの鍋に水を入れて沸騰させて塩を加え、挽き肉を入れてよくほぐしながらゆでる。
2. 挽き肉の色が変わったら火を止めて、ザルにあげ、スープは捨てずにとっておく(4-2、4-3で活用)。

つくわけレシピ
4-1
大葉をそえて
あっさり丼に
梅そぼろ丼
［作り方☞P30］

つくわけレシピ
4-2
ジャージャー麺風の
パンチが効いた麺
ニンニク そぼろの 和え麺
［作り方☞P30］

つくわけレシピ
4-1
梅そぼろ丼

材料(2人分)
鶏そぼろ……100g
梅干し……2個
大葉……1枚
A しょうゆ……小さじ1、酒……大さじ1、みりん……大さじ1、砂糖……大さじ1/2、だし汁……50cc、塩……少々
ごはん……茶わん2杯強

作り方
1 小さめの鍋にAを煮立たせ、鶏そぼろと梅干しを入れてほぐしながら水分をとばすように弱火で煮る。
2 丼にごはんを盛り、1と半分に切った大葉、好みで梅干し(分量外、練り梅でも可)を盛る。

つくわけレシピ
4-2
ニンニクそぼろの和え麺

材料(2人分)
鶏そぼろ……200g
ゆで汁……80cc
ニンニク・ショウガ……各1/2片
A 豆板醤……小さじ1、甜麺醤……大さじ1、練りごま……大さじ1、しょうゆ……小さじ2、砂糖……大さじ1、鶏ガラスープの素……小さじ1/2
ごま油……大さじ1
きゅうり……1本
白髪ネギ・白ごま……適量
中華麺(ゆでる)……2玉

作り方
1 鍋にごま油をひき、弱火でみじん切りにしたニンニクとショウガを炒め、鶏そぼろとAを入れてさっと炒め合わせ、ゆで汁を加えて煮詰める。
2 中華麺に1とせん切りにしたきゅうり、白髪ネギ、白ごまをのせる。

つくわけレシピ
4-3
ドライカレー

材料(2人分)
鶏そぼろ……200g
ゆで汁……100cc
ネギ……1/2本
ニンニク……1/2片
オリーブ油……大さじ1
A カレー粉……大さじ3、はちみつ……小さじ2、ケチャップ……大さじ1、ウスターソース……大さじ1、塩・こしょう……少々
ごはん……適量(写真はP124の豆おにぎりのごはん。白ごはんでも可)
アーモンド……適量

作り方
1 フライパンにオリーブ油をひき、弱火でみじん切りにしたニンニクとネギを炒め、鶏そぼろとゆで汁を加えて煮立たせる。
2 1にAを加え、水分がとんでとろみがつくまで煮詰める。
3 皿にごはんと2を盛り、アーモンドを飾る。

つくわけ4-3のつくわけレシピ
4-3-a
カレーオムレツ

材料(2人分)
ドライカレー……80g
卵……2個
牛乳……大さじ2
塩・こしょう……少々
オリーブ油……大さじ1
トマト……1/2個
パセリ……適量

作り方
1 ボウルで卵を溶き、牛乳と塩こしょうを加えてよく混ぜる。
2 フライパンを中火にかけてオリーブ油を熱し、1を流し入れ、ドライカレーをのせる。卵が固まってきたら半分に折りたたみ、皿に盛る。
3 2のフライパンで角切りにしたトマトを炒め、オムレツにそえる。好みでみじん切りにしたパセリをふる。

つくわけレシピ
4-3
手軽なのに
本格的な味になる
ドライカレー
[作り方☞P30]

つくわけ4-3のつくわけレシピ
4-3-a
ドライカレーで
卵料理を
カレー
オムレツ
[作り方☞P30]

つくわけの素 5

豚バラレモン

脂身の多い豚バラ肉もレモンでさっぱり

手軽に手に入る豚バラはメイン食材の定番ですが、レシピがマンネリになりがちです。そこで、レモン風味の下味をつけたつくわけの素なら、調理後もレモンがしっかり香って、ひと味違った豚バラ料理が完成。

保存の目安
冷蔵 2日
冷凍 10日

材料(作りやすい分量)
豚バラ肉(薄切り)……400g
レモン汁……1/2個分
塩……少々
オリーブ油……大さじ4
レモンスライス……3〜4枚

作り方
保存袋(容器)に豚バラ肉とレモン汁、塩、オリーブ油を入れてもみ込み、レモンスライスを加え、冷蔵庫で30分以上漬け込む。

つくわけレシピ
5-1
レモンも一緒に
カリッと焼いて
豚バラのアスパラ巻き
［作り方☞P34］

つくわけレシピ
5-2
冷蔵庫の野菜で
パパッと小鉢
蒸し豚のさっぱりサラダ
［作り方☞P34］

つくわけレシピ
5-1
豚バラの
アスパラ巻き

材料(2人分)
豚バラレモン……6枚(約120g)
アスパラガス……6本
小麦粉……適量
サラダ油……大さじ1

作り方
1. アスパラガスは根元の硬い部分だけピーラーで皮をむいておく。
2. 豚バラレモンを広げてアスパラガスを巻き、小麦粉をまぶす。
3. フライパンにサラダ油を熱し、2を転がしながら弱火で焼く。好みで塩少々(分量外)をし、味を調える。一緒に漬け込んだレモンも焼いて盛りつける。

つくわけのヒント
時間がないときは、巻かずに切ってフライパンで炒めてもOK。

つくわけレシピ
5-2
蒸し豚の
さっぱり
サラダ

材料(2人分)
豚バラレモン……100g
にんじん……1/2本
かいわれ……1/2パック
A 鶏ガラスープの素……小さじ1/2、水……100cc、ごま油……小さじ1

作り方
1. にんじんはせん切りにする。
2. 小さめの鍋にAを沸かし、豚バラレモンを1枚ずつ入れてふたをして弱火で1〜2分蒸し煮にする。
3. 豚肉の色が変わったら1を加えて火を止め、かいわれを入れてさっと混ぜる。

つくわけレシピ
5-3
豚バラの
ネギレモン
炒め

材料(2人分)
豚バラレモン……150g
九条ネギ……1本
オリーブ油……小さじ1
こしょう……少々
レモン……適量

作り方
1. 豚バラレモンは食べやすい大きさに切り、九条ネギは大きめの斜め切りにする。
2. フライパンにオリーブ油を熱し、豚バラレモンを中火で炒め、色が変わったら、余分な油をキッチンペーパーで拭きとってから九条ネギを加えて炒め、こしょうをふる。好みで塩少々(分量外)をし、味を調える。
3. 皿に盛り、好みでレモンをそえる。

つくわけレシピ
5-4
豚バラの
ガパオ風

材料(2人分)
豚バラレモン……150g
パプリカ赤と黄……各1/2個
バジル(生)……1束
ニンニク……1/2片
ごま油……小さじ1
A ナンプラー……小さじ2、砂糖……小さじ1
卵(目玉焼き)……2個
ごはん……適量

作り方
1. 豚バラレモンは小さく切って、パプリカは角切りに、ニンニクはみじん切りにする。
2. フライパンにごま油を熱し、弱火でニンニクを炒め、香りが出たら豚バラを中火で炒め、Aを加える。
3. 2にパプリカ、ちぎったバジルを加え、さっと炒め合わせる。
4. ごはんに3をそえ、目玉焼きをのせる。

つくわけレシピ
5-3
あっという間にできる
シンプルな炒めもの
豚バラのネギレモン炒め
[作り方☞P34]

つくわけレシピ
5-4
目玉焼きをそえて
エスニック風に
豚バラのガパオ風
[作り方☞P34]

つくわけの素 6

ごまのコクが味にボリュームをプラス

豚のごまみそ漬け

味が入りにくい豚ロース肉は、漬け込むことで中まで味がしっかり染み込みます。また、みその麹の効果で肉質がやわらかくなって、味わいもジューシーに。つくわけはみそごと使って調理しましょう。

保存の目安　冷蔵 2日／冷凍 10日

材料（作りやすい分量）
- 豚ロース……4枚
- 塩……少々
- **A** 練りごま……大さじ4、すりごま……大さじ4、しょうゆ……大さじ1/2、酒……大さじ2、みりん……大さじ2、はちみつ……大さじ1、みそ……大さじ2

作り方
1. 豚ロースはスジに何カ所か包丁を入れ、塩をふって少し置いておく。
2. **A**をよく混ぜ合わせ、**1**にぬるようにして冷蔵庫で1時間以上漬け込む。

つくわけレシピ
6-1
みそと好相性の
きのこと合わせて

きのこの
豚ロースト
[作り方☞P38]

つくわけレシピ
6-2
ソースがなくてもおいしい！

ロース
みそとんかつ
[作り方☞P38]

つくわけレシピ 6-1
きのこの豚ロースト

材料(2人分)
- 豚のごまみそ漬け……2枚
- しめじ……1/2パック
- まいたけ……1/2パック
- オリーブ油……大さじ1
- バター……大さじ1
- 塩・黒こしょう……少々
- 万能ネギ……1本

作り方
1. フライパンにオリーブ油を熱し、中火で豚のごまみそ漬けを両面各2～3分ずつ焼き、ホイルに包んでおく。
2. 1のフライパンの油をキッチンペーパーで拭きとってから、弱火でバターを溶かし、石づきをとったしめじとまいたけをほぐして炒め、仕上げに塩と黒こしょうをふる。
3. 5cmくらいに切った万能ネギをそえる。

つくわけレシピ 6-2
ロースみそとんかつ

材料(2人分)
- 豚のごまみそ漬け……2枚
- 卵……1個
- 小麦粉・パン粉……適量
- 揚げ油……適量
- キャベツ……1/6個
- レモン……適量

作り方
1. 豚のごまみそ漬けに小麦粉をまぶし、溶き卵、パン粉の順につける。このとき、つけだれはある程度残したほうがおいしい。
2. フライパンに2～3cmの深さまで揚げ油を熱し、160～170度の低温で両面各5分ずつ揚げる。焦げやすいので注意。
3. キャベツのせん切りとカットレモンをそえる。

つくわけレシピ 6-3
韓国風スタミナ焼き弁当

材料(2人分)
- 豚のごまみそ漬け……2枚
- ごま油……大さじ1
- A コチュジャン……小さじ1、しょうゆ……大さじ1/2、はちみつ……大さじ1/2、ニンニクすりおろし……小さじ1/2、こしょう……少々
- ほうれんそう……1束
- 豆腐の塩麹漬け[P68]……1/4丁
- 漬物……お好みで

作り方
1. 豚肉は2枚にスライスし、フライパンにごま油を熱して中火で両面焼き、混ぜ合わせたAをからめる。
2. ゆでたほうれんそうはかつおぶし適量としょうゆ小さじ1であえる。
3. 豆腐の塩麹漬けは、スライスして、ごま油小さじ1で焼く。

つくわけレシピ 6-4
豚のみそ南蛮

材料(2人分)
- 豚のごまみそ漬け……2枚
- 小麦粉……大さじ2
- サラダ油……大さじ1
- A 玉ねぎ……1/2個、にんじん……1/2本
- B しょうゆ……大さじ2、酒……大さじ2、みりん……大さじ2、砂糖……大さじ1、酢……50cc、水……50cc
- すだち……お好みで

作り方
1. 豚のごまみそ漬けに小麦粉をまぶし、フライパンにサラダ油を熱して弱火で両面各2分焼き、ホイルで包んで予熱で火を通す。
2. Aはせん切りにして水にさらす。
3. 鍋にBを入れ、弱火で軽く沸かし、熱いうちに1と2を漬け、冷蔵庫で30分以上冷やす。
4. 好みですだちをそえる。

つくわけレシピ
6-3
ごはんにのっけて
ボリューム弁当に
韓国風スタミナ焼き弁当
［作り方☞P38］

つくわけレシピ
6-4
たくさん作って
常備菜にもなる
豚のみそ南蛮
［作り方☞P38］

つくわけの素 7

あまったワインを活用してお店の味に

牛肉の赤ワイン漬け

お手軽な牛コマと赤ワインで、洋食屋さんのような本格的な洋食メニューが作れます。飲み切れなかった赤ワインを活用してもOK。市販のルウがなくても、家庭にある調味料でコクのある味わいに。

保存の目安　冷蔵 **2**日　冷凍 **10**日

材料（作りやすい分量）
牛コマ切れ肉……500g
赤ワイン……400cc
塩・こしょう……少々

作り方
1 牛コマ切れ肉に塩こしょうをもみ込む。
2 保存袋（容器）に、1と赤ワインを入れて冷蔵庫で1時間以上漬け込む。

つくわけ7-1のつくわけレシピ
7-1-a
トマトビーフを
コロッケに
ビーフ
コロッケ
[作り方☞P42]

つくわけレシピ
7-1
トマトの酸味を
効かせて
トマト
ビーフ
[作り方☞P42]

つくわけレシピ

7-1
トマトビーフ

材料(4人分)
牛肉の赤ワイン漬け……250g
小麦粉……大さじ1
オリーブ油……大さじ1
玉ねぎ……2個
マッシュルーム……5個
バター……大さじ1
トマト……2個
トマト缶……1缶
A ウスターソース……大さじ2、はちみつ……大さじ2、コンソメ……大さじ1
塩・こしょう……少々

作り方
1. 玉ねぎとマッシュルームはうす切りにし、バターを溶かした鍋で弱火で炒め、塩こしょうをして玉ねぎが茶色になるまで炒める。
2. フライパンにオリーブ油を熱し、小麦粉をはたいた牛肉を弱火で焼く。
3. 2と角切りにしたトマト、トマト缶、Aを1に加え、ときどき混ぜながら弱火で30分煮込む。

つくわけ7-1のつくわけレシピ

7-1-a
ビーフコロッケ

材料(2人分)
トマトビーフ……80g
じゃがいも……3個
塩……少々
卵……1個
小麦粉・パン粉……適量
揚げ油……適量
ブロッコリー・ミニトマト……お好みで

作り方
1. じゃがいもは皮付のまま、たっぷりの水からゆでて、熱いうちに皮をむき、つぶす。
2. 1が冷めたらトマトビーフを少しずつ混ぜ、塩で味を調える。
3. 2を小判形にし、小麦粉、溶き卵、パン粉の順につけ、180度の油で1～2分きつね色に揚げる。
4. 好みでブロッコリーとミニトマトをそえる。

つくわけレシピ

7-2
赤ワイン ミートソース

材料(4人分)
A 牛肉の赤ワイン漬け……200g、玉ねぎ……1個、にんじん……1/2本、セロリ……1/2本、ニンニク……1/2片
B トマト缶……1缶、ウスターソース……大さじ2、ケチャップ……大さじ2、はちみつ……大さじ1、塩・こしょう……少々
オリーブ油……大さじ1
塩・こしょう……少々
パスタ……160g

作り方
1. Aはみじん切りにする。
2. フライパンにオリーブ油をひき、ニンニク、牛肉、玉ねぎ、にんじん、セロリの順に炒め、ふたをして弱火で10分蒸し焼きにする。
3. 2にBを加え、さらに20分煮込み、塩こしょうで味を調える。
4. パスタと3を皿に盛る。

つくわけ7-2のつくわけレシピ

7-2-a
ミートドリア

材料(2人分)
赤ワインミートソース……200g
ホワイトソース
  バター……大さじ3、小麦粉……大さじ3、牛乳……250cc
ごはん……茶碗2杯分
チーズ……適量

作り方
1. フライパンにバターを入れて弱火にかけ、溶けたら小麦粉を加えて炒め、全体がまとまったら、牛乳を5回くらいに分けて加えてのばしていき、ホワイトソースを作る。
2. 耐熱容器にごはん、1、チーズ、ミートソースの順に入れ、オーブントースターで15分焼く。

つくわけ 7-2 のつくわけレシピ
7-2-a
残り物のごはんと
ミートソースで
ミートドリア
［作り方☞P42］

つくわけレシピ
7-2
ソースにすれば
つくわけが広がる
赤ワイン
ミートソース
［作り方☞P42］

つくわけの素 8

お弁当のおかずにも重宝する

ハンバーグのたね

挽き肉とつなぎの食材、下味調味料を混ぜた、いわゆるハンバーグのたねは、いろんな形に成形してアレンジ可能。お弁当用に小さめに丸めてパラパラ冷凍(P9)しておけば重宝します。(＊P121、125、126でも紹介しています)

保存の目安 | 冷蔵 **2**日 | 冷凍 **10**日

材料(作りやすい分量)
牛豚合挽き肉……500g
玉ねぎ……1個
サラダ油……大さじ2
パン粉……大さじ5
牛乳……大さじ5
卵……1個
ナツメグ……小さじ1/2
塩・こしょう……少々

作り方
1 玉ねぎをみじん切りにし、フライパンにサラダ油を熱して弱火で炒める。
2 ボウルにパン粉と牛乳を入れて、やわらかくふやけたら、挽き肉と卵、**1**、ナツメグ、塩こしょうを加える。
3 **2**を粘りが出るまで、手でしっかり混ぜる。
4 保存袋に平らに入れるか、丸めてパラパラ冷凍にする。

つくわけレシピ
8-1
レンコンの食感を
プラスして
レンコンハンバーグ
[作り方☞P46]

つくわけレシピ
8-2
大きめピーマンを
丸ごと使って
ピーマンの肉詰め
[作り方☞P46]

つくわけレシピ

8-1
レンコンハンバーグ

材料(2人分)
ハンバーグのたね……300g
レンコン……80g
A しょうゆ……大さじ2、みりん……大さじ2、酢……大さじ1、すだち汁……1個分
ごま油……大さじ1

作り方
1 レンコンは皮をむき、数枚スライスして、残りはみじん切りにする。
2 ハンバーグのたねに1のみじん切りを混ぜ、丸めてまん中をへこませる。
3 フライパンにごま油を熱し、2を弱火で両面焼き、スライスしたレンコンはフライパンの端でカリッと焼く。
4 ハンバーグの上にレンコンをのせ、さっと沸かしたA(市販のポン酢でもOK)をかける。

つくわけレシピ

8-2
ピーマンの肉詰め

材料(2人分)
ハンバーグのたね……200g
ピーマン……6個
小麦粉……大さじ1
A ウスターソース……大さじ2、ケチャップ……大さじ2、バター……小さじ1
サラダ油……大さじ1

作り方
1 ピーマンはヘタを切って種を取り、内側に小麦粉をまぶす。
2 1にハンバーグのたねを詰める。
3 フライパンにサラダ油を熱し、弱火で挽き肉面から立てるようにして焼き、焼き色がついたら横に倒して、転がしながら、ホイルをかぶせて蒸し焼きにし、中まで火を通す。
4 3を皿に取り、Aを軽く沸かしてかける。

つくわけレシピ

8-3
キャベツのメンチカツ

材料(2人分)
ハンバーグのたね……250g
キャベツ……1/4個
塩……少々
A オイスターソース……大さじ1、黒こしょう……少々
卵……1個
小麦粉・パン粉……適量
揚げ油……適量
中濃ソース……適量

作り方
1 キャベツはせん切りにし、半量は塩もみして水けを絞り、半量は水にさらしてつけ合わせにする。
2 塩もみしたキャベツとハンバーグのたね、Aを混ぜ、8等分して丸め、まん中をへこませる。
3 小麦粉、溶き卵、パン粉の順につけ、180度の油で5〜6分揚げる。
4 中濃ソースをそえる。

つくわけ8-3のつくわけレシピ

8-3-a
メンチカツサンドのお弁当

材料(2人分)
キャベツのメンチカツ……3個
食パン8枚切り……6枚
レタス……2〜3枚
紫玉ねぎ……1/4個
中濃ソース、バター、マスタード……各適量
ピクルス、ミニトマト……お好みで

作り方
1 レタスは手でちぎり、紫玉ねぎはスライスして水にさらす。
2 食パンは軽くトーストし、バターとマスタードをぬる。
3 2にレタス、紫玉ねぎ、メンチカツをのせ、ソースをかけてはさみ、半分にカットする。
4 好みでピクルスとミニトマトをそえる。

つくわけレシピ
8-3
キャベツの甘みが
たっぷり詰まった
キャベツのメンチカツ
[作り方☞P46]

つくわけ8-3のつくわけレシピ
8-3-a
ごはんもいいけど
パンにも合う！
メンチカツサンドのお弁当
[作り方☞P46]

つくわけの素 9

うま味を増しながら保存するオイル漬け

鮭ときのこのオイル漬け

鮭の切り身の保存は、そのまま冷凍でもよいのですがオイル漬けにしておくと、うま味や風味がアップ。まぐろで作るのもおすすめです。(＊P121、122、123、124、127でも紹介しています)

保存の目安　冷蔵 **2** 日　冷凍 **10** 日

材料（作りやすい分量）
- 鮭の切り身……4切れ
- 塩……小さじ1/2
- こしょう……少々
- まいたけ……1/2パック
- マッシュルーム……4個
- ニンニク……1片
- オリーブ油……大さじ8

作り方
1. 鮭の切り身に塩をふり、10分ほど置いてキッチンペーパーで水分を拭きとり、こしょうをふる。
2. まいたけは一口大にほぐし、マッシュルームは石づきを取って半分に切る。ニンニクは4等分にカット。
3. 保存袋（容器）に**1**、**2**、オリーブ油を入れて冷蔵庫で1時間以上漬け込む。

つくわけレシピ
9-1
漬けオイルで
香ばしく焼く
鮭の
ソテー
[作り方☞P50]

つくわけレシピ
9-2
火にかけるだけで
おつまみ1品完成
鮭と
きのこの
アヒージョ
[作り方☞P50]

つくわけレシピ
9-1
鮭のソテー

材料(2人分)
鮭のオイル漬け……2切れ
小麦粉……小さじ2
ズッキーニ……1/4本
にんじん……1/4本
(P98のスープ煮でも可)
塩・こしょう……少々
バター……大さじ1
クレソン……お好みで

作り方
1 鮭に小麦粉をまぶし、野菜は輪切りに。
2 フライパンを熱し、鮭を油を切らずに入れて弱火で両面各2分焼き、取り出す。
3 同じフライパンに野菜を入れ、ふたをして弱火で1分蒸し焼きにする。
4 3に2を戻し、塩こしょう、バターを加えて味を調える。
5 4を皿に盛り、好みでクレソンをそえる。

つくわけレシピ
9-2
鮭ときのこのアヒージョ

材料(2人分)
鮭のオイル漬け……2切れ
きのこのオイル漬け……適量
アンチョビ……1枚
ニンニク……1片
オリーブ油……適量
パセリ……適量
バゲット……お好みで

作り方
1 鮭を一口大に切る。
2 アンチョビとニンニクはみじん切りに。
3 小さめの鍋にオリーブ油少々(分量外)を熱して2を炒め、1ときのこのオイル漬けを加えて具材がかぶるくらいのオリーブ油を注ぎ、弱火で10分煮る。
4 パセリのみじん切りをふり、好みでバゲットをそえる。

つくわけレシピ
9-3
鮭のピラフ

材料(2人分)
鮭のオイル漬け……1切れ
きのこのオイル漬け……適量
パプリカ赤と黄……各1/2個
米……1合
水……200cc
オリーブ油……大さじ1
塩・こしょう……少々
バター……小さじ2
パセリ……適量

作り方
1 フライパンにオリーブ油を熱し、米をとがずに弱火で炒め、透き通ってきたら角切りにしたパプリカを加えてサッと炒め、塩こしょうをする。
2 炊飯器に1と水を入れ、鮭ときのことバターをのせて通常モードで炊く。
3 炊き上がったら軽く混ぜ、皿に盛ってパセリのみじん切りをふる。

つくわけ9-1のつくわけレシピ
9-1-a
鮭ときゅうりのサンドイッチ

材料(2人分)
鮭のソテー……2枚
きゅうりのマリネ(P90)……1/2本分
好みのパン……2~4枚
マヨネーズ……大さじ2
粒マスタード……小さじ2
バター……適量
レタスやベビーリーフなど……適量
黒こしょう……少々

作り方
1 鮭のソテーをほぐしてマヨネーズ、粒マスタードであえる。
2 きゅうりのマリネはスライスするか粗いみじん切りにする。
3 パンを軽くトーストし、バターをぬって、野菜、2、1をのせ、黒こしょうをふる。P122のようにオープンサンドにしてもおいしい。

つくわけレシピ
9-3
具だくさんの
おかずピラフ
鮭のピラフ
［作り方☞P50］

つくわけ9-1のつくわけレシピ
9-1-a
鮭のソテーで
贅沢サンドを
鮭と
きゅうりの
サンドイッチ
［作り方☞P50］

つくわけの素 10

サバの香味じょうゆ

いろんな食材に応用できる万能だれ

ごはんによく合う香味じょうゆ味の漬けだれは、魚ならタラなどの白身魚やブリ、お肉ならステーキ肉にもよく合います。しょうゆ、酒、みりんが1:1:1なので分量の調節もラク。(＊P113、115、116、117でも紹介しています)

保存の目安 冷蔵 2日 / 冷凍 10日

材料(作りやすい分量)
- サバの切り身……8切れ
- ニンニク……2片
- ショウガ……2片
- A 昆布……3cm角2枚、しょうゆ……40cc、酒……40cc、みりん40cc

作り方
1. ニンニクとショウガはうす切りにする。
2. 保存袋(容器)にサバと1とAを入れ、冷蔵庫で30分以上漬け込む。

つくわけ 10-1 のつくわけレシピ
10-1-a
お酒のあてにもなる
大人のサンドイッチ
サバサンド
［作り方☞P54］

つくわけレシピ
10-1
皮も香ばしく
パリパリに
サバの
ムニエル
［作り方☞P54］

つくわけレシピ
10-1
サバのムニエル

材料(2人分)
サバの香味じょうゆ……2切れ
小麦粉……少々
オリーブ油……大さじ1
アスパラガス……2本
かぼちゃ……60g
じゃがいも……1個
塩・こしょう……少々
バター……適量

作り方
1. サバに小麦粉をまぶし、アスパラガスとかぼちゃは食べやすい大きさに切っておく。
2. フライパンにオリーブ油を熱し、弱火でサバの皮面から両面各2分焼く。出てきた油を拭きとりながら、アスパラガスとかぼちゃも横で焼く。
3. 塩こしょうで味を調え、ゆでじゃがいもと一緒に皿に盛り、サバにバターをのせる。

つくわけ10-1のつくわけレシピ
10-1-a
サバサンド

材料(2人分)
サバのムニエル……2枚
好みのパン……2~4枚
トマト……1個
レタス……2枚
レモン……1/6個
バター・マヨネーズ
　……各適量
オリーブ……お好みで

作り方
1. トマトはスライスしておく。
2. パンにバターとマヨネーズをぬり、レタス、トマト、サバのムニエルをのせてレモンを絞り、サンドする。
3. 好みでオリーブをそえる。

つくわけレシピ
10-2
サバの竜田揚げ弁当

材料(2人分)
サバの香味じょうゆ……2切れ
片栗粉……大さじ2
揚げ油……適量
ごはん……お茶碗2杯強
アスパラガス……2本
塩……少々
にんじんラペ(P98)
　……適量
ゆでじゃがいも……1個
ミニトマト……適量

作り方
1. サバは食べやすい大きさに切って、片栗粉をまぶし、180度の油で両面各2分揚げる。
2. アスパラガスは5mm幅に切って、電子レンジ(600w)で1分半加熱し、ごはんと塩と合わせてにぎる。

つくわけレシピ
10-3
サバのまぜごはん

材料(2人分)
サバの香味じょうゆ……2切れ
米……1合
だし汁……180cc
塩……少々
大葉……5枚
白ごま……大さじ1
ガリ……お好みで

作り方
1. サバはグリルでこんがり焼き(もしくはフライパンでソテー)、飾り用を残して細かくほぐす。
2. 洗った米とだし汁、塩を入れて炊飯器の標準モードで炊く。
3. 炊き上がったら、ほぐした1と刻んだ大葉、白ごまを入れてよく混ぜる。
4. 3を茶わんに盛り、飾り用のサバと好みでガリをのせる。

つくわけレシピ
10-2
片栗粉をはたいて
からりと揚げる
サバの竜田揚げ弁当
[作り方☞P54]

つくわけレシピ
10-3
だしで炊いた
ごはんと混ぜて
サバのまぜごはん
[作り方☞P54]

つくわけの素 11

魚レシピが広がるつみれだね

イワシのつみれ

年中お手軽に手に入るイワシはまとめて買ってつみれだねに。魚屋さんに三枚おろしにしてもらうとすぐに調理できます。ハンバーグや団子用のたねまでつくわけしてから冷凍しておくと、さらに便利です。

保存の目安　冷蔵 **2** 日／冷凍 **10** 日

材料（作りやすい分量）
- イワシ大（三枚おろし）……8匹分
- ネギ……1/2本
- **A** ショウガすりおろし……1片分、みそ……小さじ2、しょうゆ……小さじ1、酒……大さじ2、卵白……1個分

作り方
1. イワシの三枚おろしを粗めに刻んで、**A**と一緒にブレンダーやフードプロセッサーでペースト状にする。
2. ネギをみじん切りにし、**1**に加えてよく混ぜる。

つくわけレシピ
11-1
ポン酢風だれの
和風ハンバーグ
イワシの
つみれバーグ
[作り方☞P58]

つくわけ11-1のつくわけレシピ
11-1-a
つみれバーグが
上品な煮物に変身
イワシつみれ
の厚揚げ煮
[作り方☞P58]

つくわけレシピ
11-1
イワシのつみれバーグ

材料(2人分)
イワシのつみれ……200g
サラダ油……大さじ1
A しょうゆ……大さじ1、みりん……大さじ1、酢……大さじ1、ごま油……大さじ1
大根おろし……適量
かいわれ……適量

作り方
1. イワシのつみれを、油をぬった手で丸めて平らに成形する。
2. フライパンにサラダ油を熱し、弱火で両面を約2分ずつ焼く。
3. 2を皿に盛り、同じフライパンにAを入れて沸かし、かける(市販のポン酢でもOK)。大根おろしとかいわれをそえる。

つくわけ11-1のつくわけレシピ
11-1-a
イワシつみれの厚揚げ煮

材料(2人分)
イワシのつみれバーグ……4個
厚揚げ……1枚
A だし汁……300cc、しょうゆ大さじ1/2、酒大さじ1、みりん……大さじ1、砂糖……大さじ1/2
ショウガ……1片

作り方
1. ショウガはせん切りにして針ショウガを作っておく。
2. 厚揚げは食べやすい大きさに切る。
3. 鍋にAを沸かし、2とイワシのつみれバーグを入れて中火で10分ほど煮る。
4. 3を皿に盛り、1をそえる。

つくわけレシピ
11-2
揚げつみれの甘辛団子

材料(2人分)
イワシのつみれ……200g
片栗粉……大さじ2
A しょうゆ……大さじ1/2、みりん……大さじ1/2、はちみつ……小さじ1
揚げ油……適量
白ごま……少々
白髪ネギ……適量

作り方
1. イワシのつみれに片栗粉を加えてよく練り、団子状に丸めて、170度で5分揚げる。
2. フライパンにAを入れて弱火にかけ、ふつふつしてきたら、1を入れて転がしながらからめ、白ごまをふる。
3. 2を皿に盛って、白髪ネギをそえる。

つくわけレシピ
11-3
つみれ鍋

材料(2人分)
イワシのつみれ……200g
片栗粉……大さじ1
大根……1/4本
三つ葉……1束
A だし汁……600cc、梅干し……2個、酒……大さじ2、みりん……大さじ2、塩……少々

作り方
1. 大根は皮をむいてピーラーで薄切りにし、三つ葉は一口大の長さに切る。
2. 鍋にAと大根を入れて沸かし、つみれをスプーンですくいながら落とし、ときどきアクをすくいながらつみれに火を通す。
3. 最後に三つ葉を入れて火を止める。

つくわけレシピ
11-2
お弁当のおかずにも
おすすめ
揚げつみれの甘辛団子
［作り方☞P58］

つくわけレシピ
11-3
シンプル具材で鍋ものに
つみれ鍋
［作り方☞P58］

つくわけの素 12

中華＆エスニックの味が手軽に出せる

エビのピリ辛漬け

エビは殻をむいて背わたもとって漬け込むので、そのまま調理できてあっという間におかずが完成。豆板醤と甜麺醤のたれで、家庭でも簡単にエスニックメニューが作れます。おもてなし料理にしても喜ばれます。

保存の目安　冷蔵 2日　冷凍 10日

材料（作りやすい分量）
エビ（ブラックタイガーなどの大きめのもの）……20尾
ネギ……1/2本
A 豆板醤……小さじ1、甜麺醤……大さじ1、しょうゆ……大さじ1、砂糖……大さじ1と1/2、ショウガすりおろし……1片分、ニンニクすりおろし……1片分、塩・こしょう……少々、ごま油……大さじ1

作り方
1 エビは尻尾を残して殻をむき、背わたを取っておく。
2 ネギはみじん切りにし、**A**と合わせる。
3 保存袋（容器）に**1**と**2**を入れて、冷蔵庫で1時間以上漬け込む。

つくわけ 12-1 のつくわけレシピ
12-1-a
エビチリに卵をからめて丼風に
エビチリたまご弁当
[作り方☞P62]

つくわけレシピ
12-1
ケチャップと酢で
甘酸っぱさをプラス
エビチリ
[作り方☞P62]

つくわけレシピ
12-1
エビチリ

材料(2人分)
エビのピリ辛漬け……10尾
片栗粉……大さじ1/2
ごま油……大さじ1
A ケチャップ……大さじ2、酢……大さじ2
パクチー……お好みで

作り方
1 エビのピリ辛漬けに片栗粉をまぶして、手でよく混ぜ込む。
2 フライパンにごま油を熱し、中火で1を焼き、Aを加えてからませながら炒める。
3 エビに火が通ったら皿に盛って、好みでパクチーをそえる。

つくわけ12-1のつくわけレシピ
12-1-a
エビチリ
たまご弁当

材料(2人分)
エビチリ……エビ8尾分
卵……2個
A 塩……ひとつまみ、砂糖……小さじ1
サラダ油……大さじ1
ごはん……茶わん1杯強
チンゲン菜……1株
塩……少々
ごま油……小さじ2

作り方
1 卵は溶いてAを加えて混ぜておく。
2 フライパンにサラダ油を熱し、中火で1を炒め、半熟の状態でエビを加えてさっと炒める。
3 チンゲン菜は縦半分に切ってゆで、水けを切って塩とごま油で味付けする。
4 弁当箱にごはんを詰め、2と3をのせる。

つくわけレシピ
12-2
サンラータン

材料(2人分)
エビのピリ辛漬け……8尾
トマト……1個
A 鶏ガラスープの素……小さじ1、水……300cc、酢……大さじ2、砂糖……小さじ1
ごま油……大さじ2
塩・こしょう……少々
三つ葉……適量

作り方
1 トマトはくし形切りにする。
2 鍋にごま油を熱し、エビのピリ辛漬けを中火でさっと炒めたら、1とAを加え、全体が沸いてきたら、塩こしょうで味を調える。
3 器に盛って三つ葉を飾る。

つくわけレシピ
12-3
エビ
チャーハン

材料(2人分)
エビのピリ辛漬け……8尾
万能ネギ……1本
卵……2個
鶏ガラスープの素……小さじ1
ごはん……茶わん2杯分
ごま油……大さじ2
塩・こしょう……少々
ザーサイ……お好みで

作り方
1 エビは尻尾を取って小さく切り、万能ネギは小口切り。
2 ボウルに卵を溶き、鶏ガラスープの素、ごはんを入れて混ぜる。
3 フライパンにごま油を熱し、エビを中火で炒め、2を加えてフライパンに広げるようにして、パラパラに炒める。
4 ネギを加え、塩こしょうで味を調える。
5 好みでザーサイをそえる。

つくわけレシピ
12-2
トマトが効いた
エスニックスープ
サンラータン
［作り方☞P62］

つくわけレシピ
12-3
ぷりぷりパラパラの
食感が楽しい
エビ
チャーハン
［作り方☞P62］

つくわけの素

13 イカの甘みそ漬け

イカの食感にベストマッチの甘みそ味

甘みその香ばしさを楽しみたいこのつくわけは、そのまま焼いたり炒めたりと、手軽なフライパン料理でおいしさを発揮。焼いたイカは、グリーンサラダのトッピングや酢の物にも。（＊P113、114、118でも紹介しています）

保存の目安　冷蔵 2日　冷凍 10日

材料（作りやすい分量）
イカ……4杯
A　みそ……大さじ3、酒……大さじ2、みりん……大さじ2、砂糖……大さじ1

作り方
1　イカは胴体を持って足を引っ張り、はらわたを取り除く。中の骨を取り、皮をむいて軽く洗い、水けを拭きとっておく。
2　保存袋（容器）にAを入れて混ぜ、1を加えてよくもみ込む。冷蔵庫で1時間以上漬け込む。

つくわけレシピ
13-1
食感を楽しむデリサラダ
イカの甘みそサラダ
［作り方☞P66］

つくわけレシピ
13-2
焦げ目をつけて香ばしく
イカのグリル焼き
［作り方☞P66］

つくわけレシピ
13-1
イカの甘みそサラダ

材料(2人分)
イカの甘みそ漬け……1杯分
パプリカ赤と黄……各1/4個
きゅうり……1/2本
ごま油……大さじ1
塩・こしょう……少々

作り方
1. イカの甘みそ漬け、パプリカ、きゅうりはすべてせん切りにする。
2. フライパンにごま油少々(分量外)を熱し、弱火でイカを炒める。
3. ボウルに**1**と**2**を入れ、塩こしょうとごま油で味を調える。

つくわけレシピ
13-2
イカのグリル焼き

材料(2人分)
イカの甘みそ漬け……2杯分
ネギ……1本

作り方
1. イカの甘みそづけの表面に、包丁で斜めに切れ目を入れる。
2. ネギはぶつ切りにする。
3. **1**と**2**をグリルで少し焦げ目がつくぐらいに焼く。フライパンで焼く場合はごま油少々を熱して弱火で片面1分ずつ焼く。

つくわけ 13-2 のつくわけレシピ
13-2-a
イカの炊き込みごはん弁当

材料(2人分)
イカのグリル焼き……1杯分
ショウガ……1片
A 米……1合、だし汁180cc、塩……少々
大葉……5枚
白ごま……大さじ1
卵焼き……卵2個分
さつまいもの甘煮(P110)……4個
煮豆(P72)……適量
漬物……お好みで

作り方
1. イカのグリル焼きを1cm角に切り、ショウガはせん切りにする。
2. **A**と**1**を炊飯器の標準モードで炊く。
3. 炊き上がったら、せん切りにした大葉と白ごまを混ぜ合わせる。

つくわけレシピ
13-3
イカの中華炒め

材料(2人分)
イカの甘みそ漬け……2杯分
ニラ……1束
もやし……1/2袋
ニンニク……1片
ごま油……大さじ1

作り方
1. イカとニラは5cmくらいの長さに切る。
2. ニンニクは半分に切る。
3. フライパンにごま油をひき、弱火でニンニクを炒め、香りが立ってきたらイカを入れて中火で炒める。
4. イカに火が通ったら、ニラともやしを加えてさっと炒める。

つくわけレシピ
13-3
ごはんが進む！中華おかずに
イカの中華炒め
[作り方☞P66]

つくわけ13-2のつくわけレシピ
13-2-a
ショウガと大葉の
薬味たっぷり
イカの炊き込み
ごはん弁当
[作り方☞P66]

つくわけの素 14

浅漬けなら料理に、古漬けならおつまみに

豆腐の塩麹漬け

素材のうま味を引き出してくれる塩麹漬け。下味が付く程度の浅漬けは料理にアレンジできます。1週間ほどするとチーズのような食感に変わり、そのままお酒のおつまみにもなります。(＊P113、118でも紹介しています)

保存の目安 冷蔵 **7** 日

材料(作りやすい分量)
木綿豆腐……2丁
塩麹……大さじ4

作り方
1 木綿豆腐は4等分してキッチンペーパーでくるみ、重しをして約30分置いて水切りをする。このとき水切りがしっかりできていないと、がんもどきを揚げるときに失敗しやすいので注意。
2 保存袋に1と塩麹を入れ、豆腐全体になじませたら空気を抜いて密封し、冷蔵庫でひと晩寝かせる。

つくわけレシピ
14-1
表面をカリッと焼くのがコツ
豆腐ステーキ
［作り方☞P70］

つくわけレシピ
14-2
水切りずみだから
丸めてすぐ焼ける
豆腐
ハンバーグ
［作り方☞P70］

つくわけレシピ
14-1
豆腐ステーキ

材料(2人分)
豆腐の塩麹漬け……1丁分
ごま油(焼き用)……大さじ1
ザーサイ……適量
白髪ネギ……適量
ごま油……小さじ1
白ごま……少々

作り方
1 豆腐は塩麹を軽く拭きとり、フライパンにごま油を熱して、弱火で焼き色がつくまでこんがり焼く。
2 ザーサイと白髪ネギをごま油と白ごまであえ、1の上にそえる。

つくわけレシピ
14-2
豆腐ハンバーグ

材料(2人分)
豆腐の塩麹漬け……1/4丁分
鶏もも挽き肉……200g
卵……1/2個
サラダ油……小さじ2
ポン酢……お好みで
万能ネギ……お好みで

作り方
1 豆腐の塩麹漬けをボウルに入れて手でくずし、鶏もも挽き肉、卵を入れてよく混ぜて、小さめの丸型にして真ん中をくぼませる。
2 フライパンにサラダ油を熱し、中火で両面焼き色がつくまで焼き、弱火にしてホイルをかぶせて1分蒸し焼きにする。
3 好みで万能ネギとポン酢をそえる。

つくわけレシピ
14-3
白和え

材料(2人分)
豆腐の塩麹漬け……1/2丁分
ほうれんそう……1束
にんじん……1/2本
こんにゃく……1/2枚
A 練り白ごま……大さじ1、しょうゆ……大さじ1/2、砂糖……大さじ1/2、みそ……小さじ1

作り方
1 豆腐の塩麹漬けをボウルに入れ、木べらでつぶすか、ブレンダーにかけてなめらかにする。
2 ほうれんそうをゆでて2~3cmに切り、せん切りにしたにんじんと拍子木切りにしたこんにゃくは、さっと塩ゆでしておく。
3 1にAを加えて混ぜ、2の水けを絞って混ぜ合わせる。

つくわけ 14-3 のつくわけレシピ
14-3-a
がんもどき

材料(2人分)
白和え……200g
片栗粉……大さじ4
卵黄……1個分
揚げ油……適量
A だし汁……100cc、しょうゆ……大さじ1、みりん……大さじ1

作り方
1 ボウルに白和えを入れ、片栗粉と卵黄を入れてよく混ぜる。
2 フライパンに油を2cmほどの深さまで入れて160度に熱し、1をスプーンですくって落とすように入れるか、油少々をぬった手で丸めて入れ、キツネ色にじっくり揚げる。
3 2を器に盛り、鍋で沸かしたAを張る。

つくわけレシピ
14-3
濃厚な味わいの
あえ衣が完成
白和え
［作り方☞P70］

つくわけ14-3のつくわけレシピ
14-3-a
白和えで作る
できたてがんも
がんもどき
［作り方☞P70］

つくわけの素 15

煮物以外にもいろいろ使える

大豆の水煮

大豆料理というと、煮豆が定番ですが、水煮を常備しておくと、和風だけでなく洋風のメニューにも使えます。お肉やお魚がなくてもしっかりたんぱく質をとれるので、栄養面でも優秀です。（＊P121、124、127でも紹介しています）

保存の目安 冷蔵 3 日 / 冷凍 10 日

材料（作りやすい分量）
大豆（乾燥）……250g
水……適量
塩……小さじ1/2

＊煮豆にするなら大豆の水煮80gと昆布の角切り適量、めんつゆ大さじ2と1/2で煮ればOK。

作り方
1. 大豆はひたひたの水に漬けて冷蔵庫でひと晩戻す。
2. 1を汁ごと鍋に入れて、塩を加えて沸騰させ、沸騰したら弱火でときどきアクを取りながら20〜30分ゆでる。途中でゆで汁が減ってきたら適宜水を足す。ゆで上がったら、ゆで汁ごと保存する。

つくわけレシピ
15-1
お弁当のすきまおかずにも!
大豆の
ベーコンオイル
サラダ
[作り方☞P74]

つくわけレシピ
15-2
大豆で作るとヘルシー
大豆の
ナゲット
[作り方☞P74]

つくわけレシピ
15-1
大豆の
ベーコン
オイルサラダ

材料(2人分)
大豆の水煮……200g
ベーコン……3枚
A オリーブ油……大さじ1、酢……大さじ1、はちみつ……小さじ1、塩・こしょう……少々
パセリ……少々

作り方
1 ベーコンは5mm幅に切って、フライパンで炒めてカリッとさせておく。
2 ボウルでAを混ぜ、大豆の水煮と1を加えて混ぜ合わせ、刻んだパセリを散らす。

つくわけレシピ
15-2
大豆の
ナゲット

材料(2人分)
大豆の水煮……100g
玉ねぎ……1/2個
鶏むね挽き肉……100g
A 塩・こしょう……少々、ニンニクパウダー……小さじ1/2、小麦粉……大さじ1
B パン粉……大さじ2、牛乳……大さじ2
揚げ油……適量
レタス・レモン……お好みで

作り方
1 玉ねぎはみじん切りにして、サラダ油少々(分量外)でしんなりするまで炒め、Bは合わせてふやかす。
2 大豆、1、鶏むね挽き肉、Aを手でよく練り混ぜ、油をぬった手で小さめの丸型に丸める。
3 フライパンに深さ3cmほど油を熱し、170度で両面各2分揚げる。
4 好みでレタスとレモンをそえる。

つくわけレシピ
15-3
大豆の
ミルクジャム

材料(作りやすい分量)
大豆の水煮……200g
大豆の煮汁……100cc
砂糖……大さじ4
牛乳……200cc

作り方
1 大豆の水煮と煮汁を砂糖と一緒に煮て、手でつぶせるくらいのやわらかさにし、ブレンダーにかけてペースト状にする。
2 1に牛乳を加えて弱火にかけ、混ぜながら、とろみがつくまで15分ほど煮る。
3 粗熱が取れたら、しっかり消毒(P8)した保存容器に移す。

つくわけレシピ
15-4
大豆の
ポタージュ

材料(2人分)
大豆の水煮……150g
玉ねぎ……1/2個
バター……小さじ1
コンソメ……小さじ1
水……400cc
牛乳……200cc
塩・こしょう……少々

作り方
1 玉ねぎはうす切りにし、鍋にバターを溶かして透き通るまで炒め、塩こしょうをする。
2 1に大豆の水煮を加えてさっと炒め、コンソメと水を加えて玉ねぎがやわらかくなるまで弱火で煮る。
3 2に牛乳を加えて鍋の縁がふつふつしてきたら、ブレンダーでなめらかにし、塩こしょうで味を調える。

つくわけレシピ
15-3
ジャムにして
さらに作りおき
大豆の ミルクジャム
［作り方☞P74］

つくわけレシピ
15-4
栄養たっぷりの
朝食メニューに
大豆の ポタージュ
［作り方☞P74］

つくわけの素 16

じゃがいもよりむっちり食感に

さといもマッシュ

さといもが旬の時期は安くまとめ買いしてぜひ試してほしいつくわけ。じゃがいもで作るのとはまた違ったねっとりとした食感です。マッシュにすれば冷凍もできるので、成形してパラパラ冷凍(P9)にしても。

保存の目安　冷蔵 **2** 日　冷凍 **15** 日

材料（作りやすい分量）
さといも（大）……20個
塩……小さじ1
水……適量

＊使用するさといもによって、冷凍すると水分が出る場合があるので、**16-2**、**16-3**、**16-4**は成形してから冷凍するのがおすすめ。

作り方
1 さといもは洗って皮をむき、半分に切り、鍋にさといもと、かぶるくらいの水、塩を入れて弱火にかけて、さといもに竹串がすっと通るくらいまでゆでる。
2 ゆで上がったらザルにあげ、熱いうちにつぶす。

つくわけレシピ
16-1
温めて混ぜるだけで
おつまみ完成
さといもの
マッシュポテト
［作り方☞P78］

つくわけレシピ
16-2
ピリ辛の大人味に
さといもの
ベーコン巻き
［作り方☞P78］

つくわけレシピ
16-1
さといもの マッシュ ポテト

材料(作りやすい分量)
さといもマッシュ……200g
バター……大さじ1
小麦粉……大さじ1/2
牛乳……80cc
塩・こしょう……少々
クラッカーやパン
　……お好みで

作り方
1 鍋にバターを溶かして小麦粉を炒め、牛乳を少しずつ加えて混ぜ、レンジで軽く温めたさといもマッシュを加え、木べらで練るように混ぜる。
2 塩こしょうで味を調える。
3 好みでクラッカーやパンなどをそえる。

つくわけレシピ
16-2
さといもの ベーコン巻き

材料(2人分)
さといもマッシュ……250g
小麦粉……大さじ1
塩・こしょう……少々
ベーコン……4枚
ニンニク……1片
鷹の爪……1本
オリーブ油……大さじ1

作り方
1 さといもマッシュはレンジで軽く温め、小麦粉と塩こしょうを加えてよく混ぜて、油をぬった手で小判形にしてベーコンを巻いておく。
2 フライパンにオリーブ油をひき、弱火で鷹の爪とスライスしたニンニクを炒め、香りが立ってきたら1をこんがりと両面焼く。

つくわけレシピ
16-3
さといもの 肉巻き コロッケ

材料(2人分)
さといもマッシュ……250g
塩・こしょう……少々
豚バラ肉……4〜6枚
小麦粉……適量
卵……1個
パン粉……適量
揚げ油……適量
マスタード・マヨネーズ
　……お好みで

作り方
1 さといもマッシュはレンジで軽く温め、塩こしょうをして小さく丸め、豚バラ肉で巻く。
2 1に小麦粉、溶き卵、パン粉の順で衣をつける。
3 フライパンにコロッケがかぶるくらいの油を熱し、170度で5分ほど揚げる。
4 好みでマヨネーズやマスタードをそえる。

つくわけレシピ
16-4
さといも餅

材料(2人分)
さといもマッシュ……250g
小麦粉……大さじ1
塩……少々
サラダ油……小さじ1
しょうゆ……小さじ2
のり……適量

作り方
1 さといもマッシュはレンジで軽く温め、小麦粉と塩を加えて混ぜ、油をぬった手で小判形に丸める。
2 フライパンにサラダ油を熱し、1を中火で焼く。
3 焼き色がついたら、しょうゆを入れてからめ、のりを巻いて皿に盛る。

つくわけレシピ
16-3
ひと味違ったコロッケに
さといもの肉巻きコロッケ
[作り方☞P78]

つくわけレシピ
16-4
こどものおやつに！
さといも餅
[作り方☞P78]

つくわけでおやつ 1 ベリーでつくわけ

ベリーシロップ

材料(作りやすい分量)
いちご……200g
ブルーベリー……100g
氷砂糖……300g

作り方
1. いちごはヘタを取り、ブルーベリーはつまようじで何カ所か穴をあけ、軽く洗い水けを拭きとる。
2. 清潔な保存容器に1と氷砂糖を交互に入れていき、半日ほど常温に置いて水分が出てきたらときどき容器をふりながら3日ほど冷蔵庫に置く。
3. 氷砂糖が完全に溶けてシロップ状になったら果肉は取り出す。

ベリーのスコーン

材料(9個分)
ベリーシロップの果肉……適量
ホットケーキミックス……200g
塩……ひとつまみ
バター……60g
牛乳……50g

作り方
1. ボウルにホットケーキミックスと塩と角切りにしたバターを入れ、木べらでバターをつぶしながら混ぜ合わせる。
2. 牛乳を人肌に温め、1に少しずつ加えながら手でこねてひとまとめにする。
3. 厚さ3cmの四角形にのばして9等分にし、オーブンシートを敷いた天板に離して並べ、上に果肉をのせる。180度のオーブンで20分焼く。

ベリーのソーダ割り

材料(1杯分)
ベリーシロップ……50cc
ベリーシロップの果肉……適量
炭酸水……150cc
レモン……1/8個

作り方
1. よく冷えたグラスにベリーシロップと果肉を入れ、炭酸水を注ぐ。
2. 好みでレモンを絞る。

Part

2

無駄なく使い切る！
野菜丸ごとつくわけ術

安く出回る旬の野菜は、ついつい買いこんでしまうことがあります。
そんなときは、いたんでしまう前に、すぐに使える半調理の状態にしてしまいましょう。
副菜が手早く作れたり、お弁当のすきまおかずにも使えます。

| 野菜のつくわけ 1 | 根は下ゆでして、葉は塩もみして
大根 |

1本使い切る前に、トウが立ったり水分が抜けてシワシワになったりしてしまいがちです。根の部分は米のとぎ汁で下ゆでしておけば何にでもすぐ使え、葉は新鮮なうちに塩でもんで浅漬け風に。

ゆで大根（根の部分）

3cmくらいの輪切りにして、皮をむく。

大根と、大根がかぶるくらいの米のとぎ汁、塩少々を入れ弱火で30分、アクをすくいながらゆでる（米のとぎ汁がなければ、米大さじ1/2を一緒に入れてもOK）。

さっと洗って、水にさらして保存。

冷蔵で 3 日保存可能

葉の塩もみ

痛んでいる部分があれば取り除き、細かく刻む。

塩を全体にふりかけてよくもみ、水分を出す。

手で水けを絞って保存。

冷蔵で 5 日保存可能

ふろふき大根

材料(2人分)
ゆで大根……4〜6個
A だし汁……300cc、塩……少々
鶏そぼろ(P28)……100g
B みそ……大さじ1、酒……大さじ1、みりん……大さじ1、砂糖……大さじ1/2
ししとう……4本

作り方
1 Aを鍋に沸かし、大根とししとうを弱火で5分煮て火を止め、しばらく味をなじませる。
2 別の鍋に鶏そぼろとBを加えて煮詰める。
3 器に大根を盛り、煮汁を張って、大根の上に2をのせ、ししとうをそえる。

昆布と大根の葉のおにぎり

材料(2人分)
ごはん……お茶碗2杯強
A 大根の葉の塩もみ……適量、塩昆布……適量、白ごま……大さじ1
漬物……お好みで

作り方
1 ごはんにAを混ぜ、小ぶりににぎる。
2 好みで漬物をそえる。

ふろふき大根

ぶりカマ大根

材料(2人分)
ぶりのかま……400g
塩……大さじ1
ゆで大根……4個
A だし汁……500cc、しょうゆ……大さじ2、酒……大さじ4、みりん……大さじ2、砂糖……大さじ1、ショウガスライス……2〜3枚
ゆずの皮……少々

昆布と大根の葉のおにぎり

作り方
1 ぶりに塩をふって15分ほど置き、キッチンペーパーで水気を拭きとったら、ボウルに入れて熱湯をかけ、流水でやさしく洗う。
2 鍋にAを沸かし、1と半分に切った大根を入れて中火で10分ほど煮る。
3 2を器に盛って、ゆずの皮をそえる。

ぶりカマ大根

野菜のつくわけ 2	葉の硬い部分とやわらかい部分を使い分ける
	# キャベツ

外側の硬い葉は、ゆでてやわらかくして使います。刻んでかつおぶしをかけてお浸し風にしてもOK。中のやわらかい葉は塩もみして保存。サラダやサンドイッチの具などにささっと使えます。

ゆでキャベツ（硬い外側の葉）

1枚ずつはいで、きれいに洗う。

↓

たっぷりのお湯でゆでる。

↓

保存する場合は、バットにキッチンペーパーをしいて並べてラップをする。

冷蔵で **2** 日保存可能

塩もみキャベツ（やわらかい内側の葉）

せん切りにする。

↓

塩少々を全体にふりかけてよくもみ、水分を出す。

↓

手で水けを絞って保存。

冷蔵で **3** 日保存可能

簡単ロールキャベツ

材料(2人分)
ゆでキャベツ……4枚
ウインナー……8本
モッツァレラチーズ……1個(100g)
A コンソメ……小さじ1、水……400cc、塩・こしょう……少々、ローリエ……1枚

作り方
1 キャベツでウィンナーとスライスしたモッツァレラチーズを巻く。端からチーズが流れ出ないようにしっかり巻くのがポイント。
2 鍋にAと1を入れて、弱火で10分煮る。

簡単ロールキャベツ

コールスローサラダ

材料(2人分)
塩もみキャベツ……200g
ハム……4枚
A マヨネーズ……大さじ1、オリーブ油……大さじ1

作り方
細切りにしたハム、よく水けを絞ったキャベツ、Aをボウルでよく混ぜる。

コールスローサラダ

キャベツのベーコンオイル蒸し

材料(2人分)
塩もみキャベツ……300g
アンチョビ……1枚
ニンニク……1/2片
ベーコン……2枚
オリーブ油……大さじ1
こしょう……少々
ローズマリー……1本

作り方
1 アンチョビとニンニクはみじん切り、ベーコンは細切りにする。
2 鍋にオリーブ油をひいて、弱火で1を炒め、キャベツを加えてさっと混ぜ、こしょう、ローズマリーを入れ、ふたをして1分蒸し焼きにする。

(＊P121、122、125でも紹介しています)

キャベツのベーコンオイル蒸し

野菜のつくわけ	和風には冷やしナス、洋風にはナスパテ
3	# ナス

夏野菜の代表格・ナスは、暑い夏に火を使わずパパッと調理できるよう、下ごしらえしておくと便利。和風な味付けであっさりの冷やしナス、ニンニクを効かせて食欲を刺激するパテは洋風です。(*P121、123、125、127でも紹介しています)

冷やしナス

焼き網やグリル、トースターで皮が焦げるくらいまで全体を焼く。

氷水にさらしながら手で皮をむく。

だし汁にひたひたにして保存。

冷蔵で **2** 日保存可能

ナスパテ (分量はP87)

オリーブ油でみじん切りにしたニンニクとナスを炒める。

ブレンダーでつぶしてペースト状にし、塩こしょうをする。

容器に入れて、とんとんと器を落として空気を抜いて保存。

冷蔵で **3** 日保存可能

ナスパテのカナッペ

材料(作りやすい分量)
ナス……4本
ニンニク……1片
オリーブ油……大さじ3
塩・こしょう……少々
パン……好みで

作り方
P86参照(パンにぬるほか、牛乳や豆乳でのばして冷製ポタージュにしたり、オリーブ油を加えて白身魚料理のソースにしても)

ナスの和風マリネ

材料(2人分)
冷やしナス……2本
A 漬け汁……100cc、しょうゆ……大さじ1/2、みりん……大さじ1、砂糖……大さじ1/2、酢……大さじ1、塩……少々
三つ葉……1束
白すりごま……少々

作り方
1 ナスは縦半分に切る。
2 鍋で1とAをさっと沸かして、粗熱を取ったら冷蔵庫で冷やす。
3 器に盛って、3cmくらいに切った三つ葉をそえて白すりごまをふる。

ナスのだしスープ

材料(2人分)
冷やしナス……2本
だし汁……300cc(つけ汁を利用しても可)
塩・黒こしょう……少々

作り方
1 ナスを小さく刻む。
2 鍋にだし汁を沸かし、1と塩を入れて火を止める。
3 2をブレンダーでなめらかにし、器に盛って黒こしょうをふる。

ナスパテのカナッペ

ナスの和風マリネ

ナスのだしスープ

野菜のつくわけ **4**

ゆで時間を変えてポリポリとクタクタに

カリフラワー

ゆで時間を短めにしてポリポリの食感を楽しむのと、しっかりゆでてクタクタにしてカリフラワーの深い味わいを楽しむのと、ゆで時間の違いでレシピを膨らませましょう。(＊P113、114、115、125、126でも紹介しています)

 小房に分ける →

 鍋に湯を沸かし、カリフラワーをゆでる。

カリフラワーのポリポリゆで

ポリポリゆでは、好みで30秒〜1分で取り出し、しっかり冷まして保存。

冷蔵で **3** 日保存可能

カリフラワーのクタクタゆで

クタクタゆでは、5分ゆで、しっかり冷まして保存。

冷蔵で **3** 日保存可能

カリフラワーの ペペロンチーノ

材料(2人分)
カリフラワーのクタクタゆで……150g、ニンニクすりおろし……1/2片分、鷹の爪……1本、オリーブ油……大さじ1と1/2、ペンネ……160g

作り方
1 鍋にたっぷりの湯を沸かし、塩大さじ1(分量外)を加えてペンネを表示時間通りにゆでる。
2 フライパンにオリーブ油をひき、ニンニクと鷹の爪を弱火で炒め、香りが立ったらカリフラワーを入れて木べらでほぐしながら炒める。
3 ゆで上がったペンネを2に加え、好みで塩こしょう、オリーブ油(分量外)を加える。(カリフラワーの食感を楽しみたい場合は、ポリポリゆでを粗いみじん切りにして使用。P114はこのバージョンで紹介しています)

カリフラワーのすりながし

材料(2人分)
カリフラワーのクタクタゆで……150g、だし汁……200cc、牛乳……50cc、塩……少々、万能ネギ……適量

作り方
1 鍋にカリフラワーとだし汁を入れて、ひと煮立ちさせ、火を止めてブレンダーでなめらかにする。
2 1に牛乳を加えて弱火にかけ、鍋の縁がふつふつしてきたら塩で味を調える。
3 皿に盛り、小口切りにした万能ネギを散らす。

カリフラワーのマヨサラダ

材料(2人分)
カリフラワーのポリポリゆで……10房
A マヨネーズ……大さじ2、レモン汁……1/4個分、こしょう……少々

作り方
ボウルでAを混ぜ合わせ、カリフラワーとあえる。

野菜のつくわけ 5

きゅうり

細めはマリネに、太めは干して

マリネしてピクルス風にするのがオーソドックスな保存法ですが、きゅうりは干すのもおすすめです。独特の弾力がある食感で、中華風の炒めものにするとフレッシュとは違うおいしさです。(＊P121、122でも紹介しています)

きゅうりのマリネ

1本を3〜4等分し、味がよく浸みるように蛇腹に切れ目を入れる。もしくは何カ所かピーラーで皮をむく。

↓

きゅうり2本に対して、酢大さじ3、はちみつ大さじ1/2、オリーブ油大さじ1、塩こしょう少々をよく混ぜて冷蔵庫でひと晩以上漬ける。ぴったりラップ(P9)をすると味がなじむ。

冷蔵で **4** 日保存可能

干しきゅうり

ヘタを落として半分に切り、さらに縦半分に切って、スプーンで種をかき出す。

↓

斜め薄切りにして、ザルに並べる。天日で1日干す。

冷蔵で **7** 日保存可能

春雨サラダ

材料(2人分)
干しきゅうり……2本分
春雨……60g(乾燥で)
ごま油……大さじ1
にんじん……1/2本
A しょうゆ……大さじ1、酢……大さじ2、砂糖……大さじ1/2、ごま油……大さじ1、塩……少々
白すりごま……大さじ1、

作り方
1 春雨はさっとゆでて洗い、ごま油をまぶしておく。
2 にんじんはせん切りにする。
3 ボウルにAを合わせ、きゅうり、1、2をあえる。白すりごまをふる。

きゅうりのサンドイッチ

材料(2人分)
きゅうりのマリネ……3〜4個
ツナ缶……1缶
サンドイッチ用のパン……8枚
バター・マヨネーズ……適量

作り方
1 きゅうりのマリネを刻んでツナとあえておく。
2 パンにバターとマヨネーズをぬり、1をはさんで食べやすいようにカットする。

イカときゅうりの炒めもの

材料(2人分)
干しきゅうり……2本分
イカ……2杯
小麦粉……大さじ1
ごま油……大さじ1
ショウガのみじん切り……1/2片
A しょうゆ……小さじ1、鶏ガラスープの素……小さじ1/2、オイスターソース……小さじ1、塩・こしょう……少々

作り方
1 イカは胴体を持って足を引き抜き、はらわたを取り除く。中骨を取って皮をむいたら軽く洗って水けを拭きとる。胴体を開いて、表面に切り込みを入れ、食べやすい大きさに切り、小麦粉をまぶしておく。
2 フライパンにごま油をひき、弱火でショウガを炒め、イカを入れて中火で色が変わるまで炒める。
3 2にきゅうりとAを加えて炒めからめる。

春雨サラダ

きゅうりのサンドイッチ

イカときゅうりの炒めもの

野菜のつくわけ **6** | お肉と相性抜群のネギ塩だれを作りおき

ネギ

とくに鶏肉とよく合うネギ塩だれを作っておくと、ただゆでただけのお肉や、コンビニやスーパーで売っているサラダ用チキンを買ってくるだけでも、豪華なおかずが完成。麺類の薬味にも使えます。
(＊P121、123、125でも紹介しています)

ネギ塩だれ (作りやすい分量)

ネギ2本を細かいみじん切りにする。

↓

ボウルにごま油大さじ4、砂糖小さじ1、酢大さじ2、ニンニクすりおろし小さじ1/2、白ごま大さじ2、塩こしょう少々を入れて混ぜ、ネギを加える。

↓

保存容器やビンで保存。

冷蔵で **4** 日保存可能

シンガポールライス

材料(2人分)
米……1合
水……180cc
鶏もも肉……1枚
A　ネギ塩だれ……大さじ3、ショウガみじん切り……1片分、ナンプラー……小さじ2
三つ葉・ミニトマト……お好みで

作り方
1　米は洗って、分量の水に30分ほど漬けておく。
2　鶏もも肉はスジを切り、何カ所か切り込みを入れて平らにする。ポリ袋にAと一緒に入れてよくなじませる。
3　炊飯器に1と2を入れて、標準モードで炊く。炊き上がったら鶏肉は食べやすい大きさに切り、皿に盛って、好みで三つ葉とミニトマトをそえ、さらにネギ塩だれ(分量外)をかける。

ささみのネギ塩サラダ

材料(2人分)
ささみ……4本
赤パプリカ……1/4個
ネギ塩だれ……大さじ2
鶏ガラスープの素……小さじ1/2

作り方
1　ささみはスジを取ってゆで、熱いうちにほぐして鶏ガラスープの素をふりかけてなじませておく。
2　パプリカはせん切りにして、1と合わせ、ネギ塩だれであえる。

シンガポールライス

油淋鶏

材料(2人分)
鶏もも肉……2枚
A　酒……大さじ2、ごま油……大さじ1、塩・こしょう……少々
片栗粉……適量
揚げ油……適量
ネギ塩だれ……適量

作り方
1　鶏もも肉はスジを切ってAをもみ込み、片栗粉をたっぷりまぶしておく。
2　フライパンに鶏肉が半分かぶるくらいの油を熱し、170度で片面6〜7分ずつ揚げ、油をよく切って、食べやすい大きさに切る。
3　皿に盛り、ネギ塩だれをたっぷりかける。

ささみのネギ塩サラダ

油淋鶏

野菜のつくわけ 7

玉ねぎ

調味料や薬味的に使える保存法2パターン

料理にコクや食感をプラスしてくれる玉ねぎはいろんな料理に欠かせない食材です。あめ色玉ねぎ風に使える蒸し焼き保存と、薬味としてトッピングに重宝する酢漬けの2つを覚えておきましょう。
（＊P113、114、116でも紹介しています）

皮をむいてスライス。

蒸し焼き玉ねぎ

フライパンにサラダ油をひいて、玉ねぎを入れ、弱火で全体に油がまわるように炒めたら、ふたをして、ときどき混ぜながら茶色になるまで蒸し焼きにする。

保存容器に入れる。

冷蔵で **3** 日保存可能

酢玉ねぎ

保存ビンに玉ねぎスライスを入れ、玉ねぎ2個分に対して、塩少々、酢200ccを加えて2日以上漬ける。酢の量は玉ねぎがかぶるくらいに調整する。

冷蔵で **10** 日保存可能

オニオングラタンスープ

材料(2人分)
蒸し焼き玉ねぎ……150g
コンソメ……小さじ1
水……300cc
塩・こしょう……少々
バゲット……2.5cmにスライスしたもの2枚
チーズ……適量

作り方
1. 鍋に玉ねぎ、コンソメ、水を入れて沸かし、塩こしょうで味を調える。
2. マグカップやスープココットに1を入れ、バゲットとチーズをのせ、トースターかグリルでチーズが溶けるまで2～3分焼く。

ホタテのマリネ

材料(2人分)
ホタテ貝柱(生食用)……6個
酢玉ねぎ……適量
酢玉ねぎの漬け汁……大さじ1
オリーブ油……大さじ1
はちみつ……小さじ1
レモン……1/4個

作り方
1. ホタテは横2枚にスライスする。
2. ボウルにレモン以外の材料をすべて入れてあえる。
3. 皿に盛ってレモンをそえる。

オニオングラタンスープ

ホタテのマリネ

玉ねぎジャム

材料(作りやすい分量)
蒸し焼き玉ねぎ……200g
砂糖……小さじ2
塩……少々
バター……小さじ2
好みのパン……適量

作り方
1. 小さめの鍋に玉ねぎ、砂糖、塩、バターを入れて弱火にかけ、砂糖が溶けて水分がなくなるまで、混ぜながら加熱する。
2. 好みのパンを軽くトーストし、ジャムをのせる。

玉ねぎジャム

野菜のつくわけ **8**

トマト缶がなくても困らない！

トマト

トマトを冷凍すると皮がするっとむけて湯むきの手間が省け、トマト缶がわりに使えます（1缶＝2個が目安）。ソース作りにもぴったり。レモンと砂糖は加えずに冷凍してもOKですが、加えると味が凝縮されます。（＊P121、122、125でも紹介しています）

冷凍トマト

ヘタをくりぬく。

竹串で数カ所穴をあける。

レモン汁と砂糖をふりかける。

→ 汁ごと保存袋に入れて冷凍保存。使用する際は、室温で少し解凍してから皮をむいたり切るとよい。

冷凍で **10** 日保存可能

アクアパッツァ

材料(2人分)
鯛の切り身……2切れ
冷凍トマト……2個
ズッキーニ……1本
オリーブ油……大さじ1
塩・こしょう……少々
ニンニクすりおろし……1片分
バター……小さじ1

作り方
1 鯛は塩(分量外)をふって、10分置いて水けをキッチンペーパーで拭きとる。
2 冷凍トマトは少し常温において、切れる硬さになったら角切りにする。ズッキーニは何カ所か皮をむいてトマトと同じくらいに切り揃える。
3 フライパンにオリーブ油を熱し、中火で鯛を皮面から両面焼き、焼き色がついたら2を加えて塩こしょうをし、ニンニク、バターを加えてホイルをかぶせ、弱火で5分加熱する。

ガスパチョ

材料(2人分)
冷凍トマト……1個
玉ねぎ……1/6個(約20g)
赤パプリカ……1/2個
きゅうり……1本
バゲット……10g
水……100cc
オリーブ油……大さじ2
塩・こしょう・パセリ……少々

作り方
1 冷凍トマトは手で皮をむいてくし形切りに、玉ねぎ、赤パプリカ、きゅうりは小さめの角切りにして、バゲットはちぎっておく。
2 ミキサーに1と水を入れてまわし、オリーブ油と塩こしょうで味を調える。
3 刻んだパセリを散らす。

トマトソースパスタ

材料(2人分)
冷凍トマト……2個
ニンニク……1片
オリーブ油……大さじ2
A ケチャップ……大さじ2、中濃ソース
　……大さじ1、はちみつ……大さじ1
バジル……1束
塩・こしょう……少々
パスタ……160g

作り方
1 鍋にオリーブ油とニンニクのみじん切りを入れて弱火で炒め、香りが立ったらトマトを手でつぶしながら加えて塩こしょうをし、ふたをして蒸し煮にする。
2 水分が出てきたら、Aとバジルをちぎって入れ、水分をとばすように中火で煮詰める。
3 パスタを、塩(分量外)を多めに入れたたっぷりの湯で表示時間通りにゆで、2とからめる。

アクアパッツァ

ガスパチョ

トマトソースパスタ

野菜のつくわけ 9

サラダや付け合せにさっと使えるように

にんじん

彩りにもなるにんじんは、付け合せやお弁当のすきまおかずに重宝する野菜です。そのままでもいただけるラペと、付け合せやスープの具にさっと使えるスープ煮にしておくと便利。

にんじんラペ

皮をむいてせん切りにする。

↓

塩もみをする。

↓

にんじん2本に対して、オリーブ油大さじ1、酢大さじ2、はちみつ大さじ1、塩こしょう少々であえ、好みでレモンを絞る。

冷蔵で **5** 日保存可能

にんじんスープ煮

皮をむいてうすい輪切りにする。

↓

にんじん2本に対して、水1ℓ、コンソメ大さじ1/2、塩少々で、やわらかくなるまで煮る。

↓

付け合せやお弁当の彩り、スープの具材に。スープごと保存。

冷蔵で **3** 日保存可能

キヌアのラペサラダ

材料(2人分)
にんじんラペ……80g、キヌア……大さじ3、水……大さじ6、塩・こしょう……少々

作り方
1 キヌアはさっと洗い、鍋に水と一緒に入れ、ふたをして弱火にかけて8分ゆでたら火を止める。ふたをしたまま5分蒸らす。
2 ボウルににんじんラペと1を入れて混ぜ、塩こしょうで味を調える。

にんじんのベーコンスープ

材料(2人分)
にんじんスープ煮……50g、スープ煮のスープ……250cc、ベーコン……1枚、パセリ……適量

作り方
1 ベーコンは5mm角くらいに切って、にんじんのスープ煮とスープと一緒に鍋に入れて中火で煮立てる。
2 煮立ったら、パセリをちぎって入れる。

にんじんラペの卵サラダ

材料(2人分)
にんじんラペ……80g、ゆで卵……1個、マヨネーズ……大さじ1、黒こしょう……少々

作り方
1 ゆで卵は殻をむいてボウルに入れてフォークでつぶす。
2 1ににんじんラペとマヨネーズを入れて混ぜ合わせ、黒こしょうをふる。

バナナのマフィン

材料（40ccのマフィン型10個分）
バナナのキャラメリゼ……4本
小麦粉……120g
ベーキングパウダー
　……小さじ1
バター……50g
砂糖……60g
塩……ひとつまみ
卵……1個
牛乳……50cc
ブランデー……お好みで

バナナのキャラメルアイス

材料（4人分）
バナナのキャラメリゼ……4本
生クリーム……100cc
牛乳……300cc
卵黄……3個
砂糖……60g

作り方
1. 生クリームと牛乳を人肌に温める。
2. ボウルで卵黄と砂糖をホイップし、1と合わせる。
3. 2にバナナをつぶしながら加えて混ぜ、粗熱が取れるまでボウルの底を氷水にあてて冷やす。
4. 3を保存容器に入れ、冷凍庫で途中30分おきくらいに3〜4回混ぜながら冷やし固める。
5. 好みでバナナのキャラメリゼ（分量外）をそえる。

つくわけでおやつ

2

バナナでつくわけ

バナナのキャラメリゼ
材料（作りやすい分量）
バナナ……4本
砂糖……大さじ5
水……大さじ2

作り方
1. バナナは皮をむいて縦半分に切る。
2. フライパンに砂糖と水を入れて弱火にかけ、茶色っぽくなってきたらフライパンをまわしながらバナナを入れ、バナナを返しながらキャラメルをからめていく。

作り方
1. 小麦粉とベーキングパウダーは合わせてふるう。
2. 室温に戻したバターをボウルに入れ、ホイップ状に混ぜ、砂糖と塩を加えてホイッパーでよく混ぜる。
3. 2に溶き卵を2〜3回に分けて加え、よく混ぜる。
4. 3に1を半分入れ、ゴムベラで混ぜ、牛乳とブランデーを加え混ぜ、1の残りを入れて下からすくうように混ぜる。最後に細かく刻んだバナナを入れてさっと混ぜる。
5. 180度に予熱したオーブンで20分焼く。

Part

3

1つの食材でもバリエが広がる！
つくわけでおもてなしレシピ

おもてなしだからテーブルは華やかにしたい。
でも、メニューが増えると食材の買いだしも大変。ならば1つの食材でつくわけを！
じゃがいもとポークブロックを使って、
それぞれ前菜とメインをつくわけしてみました。

つくわけでおもてなし
1-1
タラモサラダ

つくわけでおもてなし **1**

じゃがいもで
おもてなし

じゃがいもをゆでてつぶした
「じゃがいもマッシュ」を使って、前菜に
タラモサラダと2種のスティック春巻き、
メインにニョッキを作ります。

[作り方 ⇒ P104-105]

つくわけでおもてなし
1-2
エビポテト春巻き
＆
サーモンポテト春巻き

つくわけでおもてなし
1-3
ニョッキのカルボナーラ

つくわけでおもてなし 1
じゃがいもでおもてなしレシピ

常備野菜のじゃがいもで、手軽に作れて見映えのするおもてなしメニューを。
最初にじゃがいもマッシュを作って、3品につくわけ。味も食感も違う前菜＆メインに仕上げます。前菜はパンといただくタラモサラダと、クリームチーズ＆スイートチリをそえたスティック春巻き。どちらも手で食べられるから、食前酒と一緒に出してもOK。メインは、実は家庭でも簡単に作れるニョッキ。ワインにもよく合います。

じゃがいもマッシュ

材料(4人分)
じゃがいも…8個
塩…大さじ1

作り方
1 鍋にじゃがいも(皮付)とかぶるくらいの水を入れ、塩を加えて中火にかける。湯が少なくなってきたら足しながら、じゃがいもにすっと竹串が通るくらいになるまでゆでる。
2 ゆで上がったら、熱いうちに皮をむいてつぶす。(＊P113、115、117、119、122でも紹介しています)

つくわけでおもてなし
1-1
明太子と混ぜてディップ風に
タラモサラダ

材料(4人分)
- じゃがいもマッシュ……180g
- 明太子……1腹
- A オリーブ油……大さじ1、マヨネーズ……大さじ2、黒こしょう……少々

作り方
1. 明太子は、皮を取り除いて、ほぐしておく。
2. ボウルに1とじゃがいもマッシュ、Aを入れてよく混ぜる。好みのパンをそえる。

つくわけでおもてなし
1-2
スティック状だから
食感も楽しめる
エビポテト春巻き
サーモンポテト春巻き

材料(4人分)
- じゃがいもマッシュ……100g
- 春巻きの皮……10枚
- エビ……5尾
- スモークサーモン……80g(鮭ときのこのオイル漬けP48でもOK)
- A オイスターソース……小さじ2、ごま油……大さじ2、塩・こしょう……少々
- 小麦粉……大さじ1
- 揚げ油……適量
- クリームチーズ・スイートチリソース……適量

作り方
1. じゃがいもマッシュをボウルに入れ、Aを加えて混ぜる。
2. エビは殻をむいて背わたを取り、みじん切りにして包丁でたたいておく。スモークサーモンは細かく切っておく。
3. 1を半分に分け、それぞれエビとサーモンを加えて混ぜる。
4. 春巻きの皮を角が上にくるように置き、手前に3を置いて包むように巻く。巻き終わりは小麦粉を同量の水で溶いたものをぬって閉じる。
5. フライパンに1cmの深さまで油を入れて熱し、4をきつね色に揚げる。
6. 室温に戻したクリームチーズとスイートチリソースを小皿に入れてそえる。それぞれつけても、両方つけてもおいしい。

つくわけでおもてなし
1-3
もちもちニョッキを濃厚ソースで
ニョッキのカルボナーラ

材料(2人分)
- じゃがいもマッシュ……250g
- A 薄力粉……100g、粉チーズ……大さじ2、塩……少々
- 溶き卵……1/2個
- オリーブ油……適量
- ベーコン……2枚
- B 卵黄……2個、粉チーズ……大さじ2、生クリーム……150cc、塩・こしょう……少々
- 黒こしょう……少々

作り方
1. ボウルにAを入れてホイッパーで混ぜる。溶き卵を少しずつ加えて手で混ぜ、じゃがいもも加えてひとまとめにする。
2. 1を3等分にし、打ち粉(分量外)をして直径1cmの棒状にする。包丁で2cmに切って丸め、フォークの背で押さえる。
3. ソースを作る。フライパンで細切りにしたベーコンを弱火で炒めて火を止めておく。
4. ボウルにBを混ぜ合わせ、3に加えて再び弱火にかけ、とろみがつくまで煮詰める。
5. 鍋にたっぷりの湯を沸かし、2をゆでる。浮いてきたら取り出して、オリーブ油をまぶし、4のソースにからめる。最後に好みで黒こしょうをふる。

つくわけでおもてなし **2**

ポークブロックで
おもてなし

ポークブロックを前菜とメインにつくわけします。
ゆで豚(リエット)とローストという具合に、調理法を変えて、
同じ素材でもまったく違った2品に！

[作り方☞P108-109]

つくわけでおもてなし
2-1
ポークリエット

つくわけでおもてなし
2-2
ポークと野菜の オーブン焼き

つくわけでおもてなし 2
ポークブロックでおもてなしレシピ

おもてなしだからこそ、特別感のあるブロック肉でつくわけにトライしてみましょう。
前菜用には香味野菜と一緒にゆでた「ゆで豚」を使ってリエットに。ゆで豚の状態で保存もでき、たれをからめたりして和洋問わずアレンジできます。メイン用はハーブ漬けにしたブロック肉をオーブン焼きに。お肉はスライスして、葉物野菜で巻いて食べるようにすると、手でつまめてカジュアルなパーティーにおすすめです。

ゆで豚

材料（作りやすい分量）
豚バラブロック……400g
ネギの青い部分……1本分
ショウガ……1片
A 水……豚肉がかぶるくらい、塩……小さじ1/2

作り方
鍋にAを入れて沸かし、豚バラとネギ（鍋に合わせて切る）、スライスしたショウガを加えて弱火で煮込む。湯が少なくなったら水を足し、浮いてきた脂をすくいながら1〜2時間、豚バラがほろほろと崩れるくらいまで煮る。
（＊P121、123、124、126、127でも紹介しています）

ポークのハーブ漬け

材料（作りやすい分量）
豚バラブロック……400g
塩・こしょう……適量
ニンニク……2片
ローズマリー……2本
オリーブ油……大さじ2

作り方
豚バラにたっぷりと塩こしょうをし、うす切りにしたニンニクとローズマリーをのせて、オリーブ油をかけ、ラップをぴったりと巻いて冷蔵庫で2時間ほどなじませる。

つくわけでおもてなし
2-1
家で作れるビストロ前菜
ポークリエット

材料(4人分)
ゆで豚……豚バラブロック200g分
オリーブ油……大さじ2
塩・こしょう……少々

作り方
1 ゆで汁を切って、オリーブ油と塩こしょうを加え、ブレンダーでパテ状にする。
2 好みのパンとりんごジャム(市販のものでも可)をそえる。

りんごジャム

材料(作りやすい分量)
りんご……1個
A 砂糖……大さじ2、はちみつ……大さじ1、水……300cc、レモン……1/4個

作り方
1 りんごは皮をむいて芯を取り、薄いイチョウ切りにする。
2 鍋に1、Aを入れ、ふたをして弱火で20分煮る。
3 最後にふたを取って、へらでりんごをつぶすように混ぜながら水分をとばし、とろみが出たら火を止める。粗熱が取れたら保存容器に入れて冷蔵庫で冷やす。

つくわけでおもてなし
2-2
ハーブの香りを効かせて
ポークと野菜のオーブン焼き

材料(4人分)
ポークのハーブ漬け……豚バラブロック400g分
好みの野菜やきのこ、フルーツ……適量(写真はミニトマト、かぶ、ししとう、エリンギ、りんご。このほかパプリカ、ズッキーニ、しめじ、まいたけなどでもOK)
好みの葉物野菜……適量

作り方
1 かぶとりんごはくし形に切り、エリンギは縦半分に切る。
2 耐熱容器にオーブンシートを敷き、ポークのハーブ漬けと野菜、きのこ、フルーツを入れる。全体に塩こしょうをし、オリーブ油(分量外)をまわしかけ、170度に予熱しておいたオーブンで30分焼く。
4 食べやすい大きさにカットし、サニーレタスなど葉物野菜をそえる。

つくわけでおやつ

3

さつまいもでつくわけ

さつまいもの甘煮
材料（作りやすい分量）
さつまいも……2本（約400g）
A 水……500cc、はちみつ……大さじ2、砂糖……大さじ1、塩……ひとつまみ

作り方
1 さつまいもは1cmくらいの輪切りにして水にさらす。
2 鍋にAを沸かし、1を入れて弱火にかけ、竹串がすっと通るくらいまで煮る。

さつまいものパイ

材料（8個分）
さつまいもの甘煮……適量
冷凍パイシート……1枚
バター……45g
砂糖……30g
卵……1個
アーモンドプードル……60g
ラム酒……お好みで

作り方
1 ボウルで室温に戻したバターをなめらかになるまで木べらで混ぜ、砂糖を加えてすり混ぜる。溶き卵を少しずつ加えて混ぜ、アーモンドプードルとラム酒を入れて混ぜ合わせる。
2 パイシートにフォークで全体に穴をあけ、1をのばすようにぬって、さつまいもを並べる。
3 200度のオーブンで10分焼き、ホイルをかぶせてさらに10分焼いてカットする。

さつまいものプリン

材料（150ccの型4個分）
さつまいもの甘煮
　……150g（飾り用は別）
卵……2個
砂糖……40g
生クリーム……250cc
ラム酒……お好みで
A 砂糖……大さじ4、水……大さじ4
バター……適量

作り方
1 さつまいもは皮をむいてつぶす。
2 ボウルで卵をほぐし、砂糖と1を加えてよく混ぜ、生クリームを加えてさらに混ぜる。好みでラム酒を加える。
3 フライパンにA（水は大さじ3）を入れ、弱火にかけて濃い茶色になったら火を止めて水大さじ1を加え、再び弱火にかけて混ぜ、バターをぬった型に流し入れて冷蔵庫で冷やし固める。
4 2を3に入れ、ホイルでふたをし、蒸し器で10分弱火で蒸す。

Part 4

つくわけ生活の始め方
3日間献立計画

Part1やPart2、Part3で紹介したレシピを使って、
3日単位で2パターン、合計6日分の献立を考えてみました。
慣れてきたら、オリジナルの組み合わせにトライしたり、
つくわけをアレンジしてさらにつくわけしたり、
自分なりのつくわけを楽しんでください。

つくわけ
3日間献立計画 その1（前半3日分）

買い物リスト
- サバ
- イカ
- 鶏もも肉
- 鶏むね肉
- じゃがいも
- カリフラワー
- 木綿豆腐
- 玉ねぎ
- 鶏挽き肉

＊「つくわけの素」用の材料です。
＊調味料や常備食材は省いています。
＊材料・分量の詳細は各レシピを参照。

作る「つくわけの素」

1｜鶏そぼろ (P28・鶏挽き肉400〜500g分)
2｜カリフラワーのポリポリゆで
　　　　　　(P88・1/2〜3/4個分)
3｜蒸し焼き玉ねぎ (P94・2個分)
4｜サバの香味じょうゆ (P52・5切れ分)
5｜じゃがいもマッシュ
　　　　　　(P104・4〜5個分、後半3日間でも使用)
6｜イカの甘みそ漬け (P64・2杯分)
7｜鶏のスパイシー (P16・もも肉2枚、むね肉1枚分)
8｜豆腐の塩麹漬け (P68・1/2丁分)

＊作る分量は2人分の例です。
＊カリフラワーは1個用意し、残りは後半3日間で使用。

1日目｜朝ごはん

1日目｜昼ごはん

カレーオムレツ
→"鶏そぼろ"を使って
作り方は **P30**

オニオングラタンスープ
→"蒸し焼き玉ねぎ"を使って
作り方は **P95**

パン（好みのパン）

POINT
オムレツは、カレーそぼろを作る時間がなければ、鶏そぼろをレンジで軽く温めて塩こしょうするだけでもOK。

カリフラワーの
ペペロンチーノ
→"カリフラワーのポリポリゆで"を使って
作り方は **P89**（ポリポリゆでバージョン）

イカの甘みそサラダ
→"イカの甘みそ漬け"を使って
作り方は **P66**

POINT
カリフラワーのペペロンチーノは、クタクタゆでバージョン（**P89**参照）で作ってもOK。

1日目 | 夜ごはん

サバの香味じょうゆ揚げ

→サバの香味じょうゆ揚げは"サバの香味じょうゆ"を使って

作り方(2人分)

1 サバの香味じょうゆ4枚(うち2枚は2日目の昼ごはん用)の皮目に何カ所か切れ目を入れ、片栗粉大さじ4をまぶす。
2 フライパンに深さ1cmくらいの揚げ油を熱し、180度で片面2分ずつ揚げ、皿に盛ってすだちをそえる。(*2枚は2日目にとっておく)

→マッシュポテトは"じゃがいもマッシュ"を使って

作り方(2人分)

フライパンにバター大さじ2を溶かし、弱火で小麦粉大さじ2を加えて炒め、牛乳160ccを少しずつ混ぜ、レンジで軽く温めたじゃがいもマッシュ120gを加え、塩こしょうをする。

カリフラワーのマヨサラダ

→"カリフラワーのポリポリゆで"を使って
作り方はP89

青菜のお味噌汁

(ほうれんそうや小松菜など好みのもので)

かんたん・おつまみ(2人分)

そぼろきゅうり

→"鶏そぼろ"を使って
ボウルに鶏そぼろ80gとみそ大さじ2、ごま油大さじ1、はちみつ小さじ1を入れて練るように混ぜ、スティック状に切ったきゅうり2本と一緒に皿に盛る。

2日目 朝ごはん　　2日目 昼ごはん

バゲットの
玉ねぎジャムぞえ
→玉ねぎジャムは"蒸し焼き玉ねぎ"を使って
作り方はP95

グリーンサラダと
ベーコンソテー

コーヒー

POINT
玉ねぎジャムは多めに作って保存しておきましょう。冷蔵で5日、冷凍で15日くらい保存できます。

サバの海苔巻弁当
→"サバの香味じょうゆ揚げ(P115)"を使って

作り方(2人分)
1. 卵2個に砂糖小さじ1と塩ひとつまみを加えて卵焼きを作り、棒状に切っておく。
2. サバの香味じょうゆ揚げ2枚、きゅうり1/2本、カニカマ6本は棒状に切っておく。
3. 巻きすに海苔をおき、ごま油少々を全体にぬり、ごはん80〜100g、**1**と**2**の半量を並べて巻き、食べやすい大きさに切る。もう1本同様に巻く。弁当箱に詰め、好みの漬物をそえる。

POINT
サバは前日の香味じょうゆ揚げがない場合は、サバの香味じょうゆ漬けをフライパンやグリルで焼いてもOK。

2日目|夜ごはん

フライドチキンと
じゃがいもボールの
プレート

→フライドチキンは"鶏のスパイシー"を使って
作り方はP18
→じゃがいもボールは"じゃがいもマッシュ"を使って

作り方(2人分)

1 じゃがいもマッシュ100gに小麦粉大さじ1と牛乳大さじ1/2を加えて混ぜ合わせる。
2 1をボール状に丸め、フライドチキンと同じ油できつね色に揚げる。

POINT
サラダ菜やクレソン、レタス、ラディッシュなどの野菜と一緒に好みのパンにはさんで食べる。

かんたん・おつまみ(2人分)
サバとガリの
小鉢

→"サバの香味じょうゆ"を使って
サバ1枚をフライパンまたはグリルで焼いて食べやすい大きさに切り、ガリ適量とガリの漬け汁大さじ1でさっとあえる。好みでレモンをそえる。

117

3日目 朝ごはん | 3日目 昼ごはん

イカの炊き込みごはんのおにぎり

→"イカの甘みそ漬け"を使って
作り方は **P66**（イカの炊き込みごはんをおにぎりに）

豆腐のスープ

→"豆腐の塩麹漬け"を使って

作り方(2人分)
1 豆腐の塩麹漬け1/4丁を角切りにする。
2 鍋にだし汁400ccを沸かし、**1**を加え、すりごま少々を入れ、塩で味を調える。

POINT
豆腐の塩麹漬けの残りは、そのまま1週間漬けるとクリームチーズのような食感になるので、お酒のおつまみに。

スパイシーチキンサラダのお弁当

→"鶏のスパイシー"を使って
作り方は **P18**

POINT
サラダにはパンをそえますが、カットして軽くトーストしたバゲットをのせるとクルトン風に食べられて、食感も楽しくなります。また、カリフラワーのポリポリゆでをトッピングするのもおすすめ。

3日目 | 夜ごはん

ビビンバ丼
→ "鶏そぼろ"を使って

作り方(2人分)

1 鍋に鶏そぼろ120gとしょうゆ大さじ1、コチュジャン小さじ1、酒大さじ1、砂糖大さじ1/2、ごま油大さじ1、ニンニクすりおろし小さじ1/2、塩こしょう少々を入れて中火にかけ、さっと炒める。

2 もやし1/2袋、ほうれんそう2株、ぜんまいの水煮50gはゆでて水を切って一口大に切り、しょうゆ小さじ1、ごま油大さじ1、塩少々であえる。

3 丼にごはんを盛り、2と1をのせる。

ワカメスープ
→ "鶏そぼろのゆで汁"を使って

作り方(2人分)

ゆで汁300cc(足りなければ水300ccに鶏ガラスープの素小さじ1を溶いたものを足す)を鍋に沸かし、乾燥カットわかめ小さじ2、白ごま小さじ1、ごま油小さじ1、好みで塩こしょう少々を加える。

POINT
ワカメスープに塩麹豆腐少々やカリフラワーのポリポリゆでを入れても。

かんたん・おつまみ(2人分)
そぼろポテサラ
→ "鶏そぼろ" "じゃがいもマッシュ"を使って

鶏そぼろ100gとしょうゆ大さじ1、みりん大さじ1、塩こしょう少々を入れてさっと炒め、レンジで軽く温めたじゃがいもマッシュ200gと合わせ、マヨネーズ大さじ1と塩こしょう少々で味を調える。

つくわけ 3日間献立計画 その2（後半3日分）

買い物リスト
- 大豆（乾燥）
- まいたけ
- マッシュルーム
- 牛豚合挽き肉
- きゅうり
- キャベツ
- ネギ
- トマト
- アンチョビ
- レモン
- 豚バラブロック
- 生鮭
- ベーコン
- ナス

＊「つくわけの素」用の材料です。
＊調味料や常備食材は省いています。
＊材料・分量の詳細は各レシピを参照。

作る「つくわけの素」

1 | 冷凍トマト（P96・2個分）
2 | キャベツのベーコンオイル
　　蒸し（P85・キャベツ小1個分）
3 | きゅうりのマリネ（P90・1本分）
4 | ネギ塩だれ（P92・1本分）
5 | 冷やしナス（P86・6本分）
6 | 鮭ときのこのオイル漬け
　　（P48・鮭4切れ分、きのこ100～200g分）
7 | ゆで豚（P108・豚バラ1kg分）
8 | ハンバーグのたね
　　（P44・合挽き肉500g分）
9 | 大豆の水煮（P72・乾燥大豆200g分）

※作る分量は2人分の例です。
※このほかに、その1のカリフラワーの残り半分で
　カリフラワーのポリポリゆでを作ります。
※その1で作ったじゃがいもマッシュも
　使用します。

1日目 朝ごはん　　　　1日目 昼ごはん

サーモンのオープンサンド
→ "鮭ときのこのオイル漬け" を使って
作り方は **P50**

POINT
鮭は夜のおつまみ分(鮭1切れときのこ20g)も一緒に焼いておくとラク。パンは好みのものでOK。

じゃがいものポタージュ
→ "じゃがいもマッシュ" を使って

作り方(2人分)
鍋に水100ccとコンソメ小さじ2を入れて沸かし、じゃがいもマッシュ100gと牛乳200ccを加えて混ぜ、塩少々で味を調える。よりなめらかにしたい場合はブレンダーにかける。

POINT
スープは、その **1** で作ったじゃがいもマッシュを活用。

キャベツのオイルパスタ
→ "キャベツのベーコンオイル蒸し" を使って

作り方(2人分)
1 パスタ160gを表示時間通りにゆでる。
2 レンジで温めたキャベツのベーコンオイル蒸し200gをボウルに入れ、ゆでたパスタとオリーブ油大さじ1を加えてあえ、黒こしょう少々をふる。

ガスパチョ
→ "冷凍トマト" を使って
作り方は **P97**

POINT
ガスパチョをより手軽に作りたいときは、冷凍トマト1個ときゅうりのマリネ1本分、オリーブ油大さじ2、水80cc、塩こしょうで作ってもOK。

1日目 | 夜ごはん

ゆで豚の甘辛ネギ丼
→ "ゆで豚"と"ネギ塩だれ"を使って

作り方(2人分)
1 ゆで豚200gを厚めにスライスし、ネギ1/2本は斜め薄切りにしておく。
2 フライパンにしょうゆ大さじ2、酒大さじ1、みりん大さじ1、はちみつ大さじ1/2を入れて弱火にかけ、ふつふつしてきたらゆで豚を入れてたれをからませ、ネギを加えてさっと炒める。
3 ごはんの上にネギ塩だれ大さじ1をのせて2を盛り、白ごま小さじ1をふる。

冷やしナス
→ "冷やしナス"を使って
作り方は **P86**

POINT
冷やしなすは白すりごまやかつおぶしをトッピングしてもOK。

かんたん・おつまみ(2人分)
鮭と玉ねぎのサラダ
→ "鮭ときのこのオイル漬け"を使って

朝一緒に焼いておいた鮭ときのこをほぐし、スライスして水にさらした赤玉ねぎ1/4個と粒マスタード大さじ1/2、オリーブ油大さじ1、レモン汁小さじ1、塩こしょう少々であえる。

2日目｜朝ごはん

玄米ごはんの豆おにぎり
→ "大豆の水煮"を使って

作り方(2人分)
1 といで1時間ほど水につけた米70gと玄米80g、大豆40gを、200ccの水(大豆の煮汁があれば合わせて200ccにする)で、炊飯器の標準モードで炊く。
2 炊き上がったら、塩少々を入れて混ぜ、にぎる。

きのこのミルクポタージュ
→ "鮭ときのこのオイル漬け"のきのこを使って

作り方(2人分)
1 鍋に刻んだきのこ80gを油を切らずに入れて弱火で炒め、飾り用に少し取り出し、だし汁250ccを加えてひと煮立ちさせる。
2 1をブレンダーにかけ、再び弱火にかけて牛乳100ccを注ぎ、塩少々を加えひと煮立ちさせる。

2日目｜昼ごはん

ゆで豚と豆のおかずスープ
→ "大豆の水煮""ゆで豚"を使って

作り方(2人分)
1 大きめに切ったゆで豚200gと、ゆで豚のゆで汁400cc(足りなければ水を足す)を弱火にかけ、ひと煮立ちさせたら大豆160gを加え、塩こしょう少々とオリーブ油大さじ1で味を調える。
2 刻んだ万能ネギ大さじ2を散らす。

POINT
冷凍トマト1個を凍ったまま加えて、つぶしながら煮込み、トマトスープにアレンジするのもおすすめです。

2日目|夜ごはん

トマトソースの ハンバーグ

→ "ハンバーグのたね" と "冷凍トマト" を使って

作り方(2人分)

1. ハンバーグのたね300gを2等分して小判形にまとめ、サラダ油大さじ1/2を熱したフライパンで焼き、火が通ったら取り出しておく。
2. 1のフライパンに角切りにした冷凍トマト1個分、ニンニクみじん切り1片分を入れて弱火にかけ、トマトをつぶしながら水分をとばし、ケチャップ大さじ2、中濃ソース大さじ1、オリーブ油大さじ1/2を加えてとろみがつくまで煮詰め、塩こしょうで味を調える。
3. 皿に盛り、カリフラワーのポリポリゆでを付け合せる。

ベーコンと キャベツのスープ

→ "キャベツのベーコンオイル蒸し" を使って

作り方(2人分)

鍋に水400cc、コンソメ小さじ1、キャベツのベーコンオイル蒸し150gを入れて沸かし、塩で味を調える。

POINT
ハンバーグを成形するときに、3日目昼のミートボール用(200g)に丸めておくと翌日時短に。

かんたん・おつまみ(2人分)
ネギ塩ナス

→ "冷やしナス" "ネギ塩だれ" を使って

1日目は冷やしなすのままで和風にしたナス。今回は冷やしナス2本にネギ塩だれ適量をのせて中華風にアレンジ。

3日目|朝ごはん

3日目|昼ごはん

ゆで豚リエットの
バゲットサンド

→ "ゆで豚"を使って

作り方(2人分)
1 ゆで豚100gを使って、リエットを作る(作り方は P109)。
2 バターをぬったバゲットに1とレタス、トマト、オリーブをサンドする。

コーヒー

POINT
パンはバゲットかカンパーニュなどハード系のものがよく合います。

ミートボール弁当

→ "ハンバーグのたね"を使って

作り方(2人分)
1 2日目の夜に丸めておいたハンバーグのたねに小麦粉をまぶし、フライパンで揚げ焼きにする。
2 1のミートボールを取り出し油を拭き、ケチャップ大さじ1、中濃ソース大さじ1、みりん大さじ1/2を入れて弱火にかけ、ミートボールを戻してからませる。

ネギの卵焼き

卵2個と刻んだ万能ネギ1/2本、塩少々を混ぜる。フライパンにごま油大さじ1/2をひいて焼く。

POINT
お弁当のすきまおかずには、カリフラワーのほか、"きゅうりのマリネ"や"キャベツのベーコンオイル蒸し"でも。

3日目 | 夜ごはん

鮭のピラフ
→ "鮭ときのこのオイル漬け" を使って
作り方は P50

大豆のベーコンオイルサラダ
→ "大豆の水煮" を使って
作り方は P74

ナスのだしスープ
→ "冷やしナス" を使って
作り方は P87

POINT
"鮭ときのこのオイル漬け" のきのこを刻んでナスのだしスープの浮き身にしてもOK。

かんたん・おつまみ（2人分）
ゆで豚チャーシュー
→ "ゆで豚" を使って
ゆで豚160gをスライスして、フライパンで両面焼き、しょうゆ大さじ1、豆板醤小さじ1、みりん大さじ1を加えて、たれにとろみがつくまでからめる。皿に盛り、刻んだ万能ネギを散らす。

伊藤 茜
Akane Ito

料理好きの母の影響で武蔵野調理師専門学校に進み調理師免許を取得。卒業後は自由が丘の人気パティスリー「モンサンクレール」に就職し、出産を機に退職。あーたんママの名前でつづるブログやインスタグラムでは、息子と夫の3人暮らしの日々のごはんが人気を呼び、2016年に初の著書『簡単なのに本格！ 絶品つくりおき』(すばる舎)を発行。雑誌『レタスクラブ』『ESSE』などでも活躍するかたわら、2017年夏に2冊目となる『つくりおきを楽しむ暮らし〜台所仕事を一番幸せな時間に』(すばる舎)を発表し、自宅キッチンや家事を楽しむヒントを紹介している。

ブログ
「あーたんママと息子の365日
〜ほかほかの美味しいごはん。」
http://ameblo.jp/aatanchan-itoh/

インスタグラム
https://www.instagram.com/
aatan.mama/

撮影
貝塚純一

スタイリング
福泉響子

調理アシスタント
脇坂 永

スペシャルサンクス
マキ、大井あや

デザイン
三木俊一 (文京図案室)

校正
深澤晴彦

撮影協力
UTUWA

構成・編集・取材
時岡千尋 (ダグハウス)

編集統括
吉本光里 (ワニブックス)

1度の仕込みで4度おいしい。
つくわけrecipe(レシピ)

2017年12月1日　初版発行

著者
伊藤 茜

発行者
横内正昭

編集人
青柳有紀

発行所
株式会社ワニブックス
〒150-8482　東京都渋谷区恵比寿4-4-9 えびす大黒ビル
電話　03-5449-2711 (代表)
　　　03-5449-2716 (編集)
ワニブックスHP　http://www.wani.co.jp/
WANI BOOKOUT　http://www.wanibookout.com/

印刷所
株式会社 美松堂

製本所
ナショナル製本

定価はカバーに表示してあります。
落丁本・乱丁本は小社管理部宛にお送りください。
送料は小社負担にてお取替えいたします。
ただし、古書店等で購入したものに関してはお取替えできません。
本書の一部、または全部を無断で複写・複製・転載・公衆送信することは法律で認められた範囲を除いて禁じられています。

©AKANE ITO2017
ISBN 978-4-8470-9625-9